JN411440

과거에서 찾아낸 메시지

은퇴하고 사는 법

은퇴하고 사는 법

과거에서 찾아낸 메시지

| 이화순 |

민속원

첫머리에

기적처럼 찾아낸
은퇴하고 사는 법

1980년 이전만해도 우리는 은퇴를 심각하게 고려하지 않았다. 기대 수명이 65세 정도였고, 55세 정도에 은퇴하고 남는 노년 기간은 기껏해야 10년 정도에 불과했기 때문이다. 하지만 이제 예상 기대수명은 80세, 90세를 넘어 100세를 바라본다. 이것은 60세에 정년퇴직을 한다 해도 적어도 30년 넘게 살아야 한다는 얘기가 된다.

과학의 발달로 길어진 우리네 수명, 하지만 오늘날의 현실은 은퇴시기를 앞당기고 있다. 이런 모순된 사회 구조는 중·장년 직장인은 물론, 이제 사회생활을 갓 시작한 젊은이들에게도 불안감을 주며 은퇴를 준비하게 한다. 그렇게 우리네들은 '지금'을 즐기지 못하고 미래를 위해 '열심히' 일하는 존재들이 되었다. 그리고는 자신이 하고 싶은 일, 해야 할 일, 할 수 있는 일 사이에서 여전히 방황한다. 그러면서도 안락한 노후를 꿈꾼다. 보험도 들고, 저축도 하면서 열심들이다. 이미 환갑이 넘었어도, 자식들이 다 장성했어도, 아직 노후를 위해 자신이 목표한 돈을 채우기 위해 열심이다. 안락한 노후는 돈의 소유가 보장한다고 여기면서 말이다.

지금 우리는 이미 고령화 사회를 지나 '고령사회'에 들어섰고, 초고령화 사회로 달려가고 있다. '빠름'을 자랑하는 우리들, 초고령화 사회를 향해가는 속도도 세계 그 어디보다도 빠르다. 미국은 고령화 사회에서 고령사회로 넘어가는 데 약70년이 걸렸다지만 우리는 약20년 정도로 추산되고 있다고 한다. 세계 역사상 볼 수 없는 초고속으로 산업사회가 된 대한민국답다. 이 말이 뜻하는 것, 그것은 사회적 충격이 엄청나게 크다는 말이 된다.

그런 혼란스러운 시대를 통과하며 고통 받는 우리들, 이렇게 길게 남은 삶을 어떻게 보낼 것인지 삶을 바라보는 새로운 시각과 생존 전략이 더욱 절실히 요구된다. 그리고 구체적인 은퇴준비가 필요하다. 이 긴 시간을 무엇을 하며 지내야 좋을까? 어떻게 해야 지루하지 않고 만족한 삶을 살면서 행복을 누릴 수 있을까? 그 답을 나는 기적처럼 찾았다. 우리의 옛날이야기에서.

'무수당 설화', 이미 나의 저서 '당신을 닮은 사람들'에서 소개한 이야기이다. 그 설화가 알려주는 대로 나는 따라 하였다. 그리고 나는 꿈을 이루었다. 그래서 지금 나는 더 더할 것도 뺄 것도 없이 지극히 만족스러운 삶을 산다. 그런 만족감을 준 삶의 방식, 자연에 모든 것을 맡긴 내 삶의 방식을 이제 세상에 알리려고 이 책을 썼다.

'사느라 수고하고 짐을 진 자들아 내게로 오라'고 자연이 사람들을 부른다. 그런 자연에 삶을 맡기고 새로운 삶의 방식으로 살아보자고 제안한다. 살아보니 너무 좋기 때문이다. 나의 삶은 '즐겁고 신난다'는 말 그 자체이다. 늙고 병든 나를 품에 안은 자연은 나를 치유한다. 심지어는 다시 젊어지게도 한다. 일찍이 하얗게 센 머리에 점점 검은 색이 늘어난다. 평화로운 나, 자유를 만끽하는 나, 회춘을 하고 있다. 이 기쁨을 알리기 위해 이 책을 낸다.

2015년 9월

이화순

목차

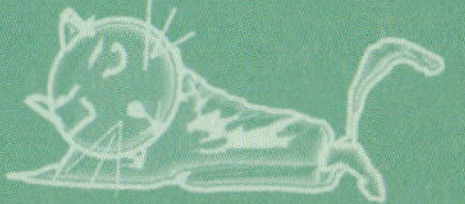

• • •

자연의 품에서 사는 행복, 자연이 주는
평화로움과 다채로움, 자연이 베푸는 풍요로움,
그것을 누리는 기쁨과 즐거움

은퇴하고 사는 법

01 설화에서 찾아낸 은퇴하고 사는 법

60 평생을 살아온 도시생활을 접고 나는 새로운 삶의 공간을 찾아 서울을 떠났다. 몇 년간 방황을 하며 살 곳을 찾았다. 그리고 어떤 방법으로 남아있는 삶을 살아야 하는지 그 방법도 찾았다. 그런 내게 우리 조상들이 남긴 옛이야기가 찾아왔다. 그 이야기는 내가 구하던 답을 주었고 이미 생각해 오던 것에 확신도 주었다. 그 결과 나는 지금 일체의 근심과 걱정을 벗어버리고 기쁨으로 살고 있다.

설화에서
찾아낸
은퇴하고
사는 법

나를 자극하고 삶의 방법을 확립하게 한 이야기는 '무수당 無愁堂 설화[1]'이다. 그 이야기가 나의 방황을 끝내게 했다. 그리고 자연의 품에서 사는 행복, 자연이 주는 평화로움과 다채로움, 자연이 베푸는 풍요로움, 더불어 부여 받은 자유로움. 그것을 누리는 기쁨과 즐거움을 만끽하게 한다. 그런 삶의 방법을 가지게 인도한 설화를 일단 소개한다.

무수당無愁堂 설화

옛날에 백남수라는 사람이 살았다. 그는 아들을 열둘, 딸을 하나 낳았는데, 자식들을 다 키워서 재산을 분배해 주기에 이르렀다. 아들, 딸 모두에게 재산을 똑같이 나누어주고, 모든 식구들을 집안에 모이게 한 후에 그는 말했다.

"나는 이제 이 재산과 모든 살림에는 관심을 안 쓸 테니, 지금부터는 너희들이 관리하거라. 이후로 1월 달은 큰아들, 2월 달은 둘째 아들, 3월 달은 셋째 아들, 이렇게 열두 달 동안 한 달씩만 살면 일 년을 살 수 있을 것이다. 또한 삼 년 만에 윤달이 들면 그 때는 딸한테 가서 살겠다."

그리고는 정각을 하나 크게 지어서, 없을 '무無', 근심 '수愁', 집 '당堂'자 즉 '무수당'이라 간판을 붙였다. 이곳을 노인정처럼 사용하여 자신의 친구들을 모두 모이게 해, 바둑 두고 장기 두고 하며 세월을 보낼 수 있게 하였다.

근심 없이 세월을 보내며 살던 어느 날, 나라에서 박문수 어사가 시찰을 오게 되었다. 박어사가 말을 타고 곳곳으로 시찰을 다니다가 '무수당'이라는 현판을 보게 되었다. 이를 본 박어사는, "근심 없는 사람이 어디 있느냐? 나라의 임금님도 근심이 있는데."하며 안으로 들어갔다. 그리고 누가 여기에 '무수당'이란 간판을 붙였느냐고 물었다. 그러자 백남수가 나서서 "제가 아들을 열둘 낳고 딸을 하나 낳았는데, 13남매를 길러 다 출가시켜서 재산도 분배하여 나누어주고, 큰아들에게 가서 정월을 보내고 둘째 아들에게 가서는 이월을 보내고 하며 지냅니다. 또 삼 년 만에 윤달이 들 때는 딸에게 가서 지내다 옵니다. 이렇게 집안 살림에는 아무 신경 안 쓰고, 근심 없이 친구들끼리 노닐며 지냅니다." 라고 말하였다.

박어사가 시찰을 마치고 나서, 이 일을 기재해 가지고 임금에게 돌아갔다. 궁궐로 돌아온 박어사가 시찰한 내용을 임금에게 보고하던 중에 '무수당' 이야기를 했다. 이 말을 들으신 임금님은 명령했다.

"이것 봐. 세상에 나도 근심이 있어서 매일 근심을 하는데, 근심이 없는 놈이 어디 있을라고. 그 놈을 불러 들여라."

임금 앞에 불려온 백남수는 자신이 왜 근심이 없는가를 이야기했다. 이야기를 다 듣고 나자, 임금은 조그만 구슬 하나를 그에게 주며 말했다.

"네가 이것을 가지고 있다가 모월 모일 날 이것을 가지고 와서 나에게 바치거라. 만일 이 구슬을 분실할 때는 너의 생명이 위험할 것이다."

구슬을 받은 백남수는 집에 돌아가는 길에 나룻배를 타는 곳에 이르렀다. 배를 타니, 뱃사공들이 "당신 몸에 뭐 지닌 거 없느냐?" 하며 몸을 뒤졌다. 구슬이 나오자, 그들은 그것을 그냥 물에 던져버렸다. 집으로 돌아온 백남수는 자기 식구들에게 얘기도 못하고 근심을 하기 시작했다. 그러다가 임금이 오라는 날짜가 거의 다 되었다. 할 수 없이 백남수는 자신의 열두 아들과 딸을 모두 방에 불러다 놓고 임금이 구슬을 준 이야기를 했다. 그러면서 이제 집에 못 돌아오니 내일 날짜로 제사를 지내달라고 하였다. 이 말을 듣자 모두가 앉아서 울고불고 하는데, 큰며느리가 애를 데리고 울고 앉았다가 나가더니 구슬 하나를 가지고 들어왔다.

"아버님, 이 구슬 아니에요?" 며느리가 묻는 말에 구슬을 보니, 바로 자기가 임금에게서 받은 구슬이었다. 백남수는 며느리에게 자초지종을 물었다.
"아범이 아버님 대접하라고 생선 한 마리를 사와서 배를 갈라보니 이것이 나왔습니다. 하도 희한해서 제가 장농 속에 싸서 넣어두었습니다."

며느리의 얘기에 백남수는 안심하며 날이 밝기를 기다렸다. 날이 밝아 구슬을 가지고 임금에게 가니, 임금은 구슬을 가져왔느냐고 물었다. 그러자 백남수는 가지고 있다고 말하면서 구슬을 보여주었다. 임금은 자신이 '나룻배 사람들에게 백남수가 나룻배를 타면 몸을 뒤져서 구슬을 물속에 집어 넣으라'고 시켰기 때문에, 구슬을 가지고 있다는 백남수의 말에 놀라서 그 구슬을 확인하였다.

그런데 그것은 임금 자신이 준 구슬이 틀림없었다. 임금은 구슬을 가져갈 때의 일을 물었다. 백남수는 나룻배 타는 곳에서의 일을 임금에게 고했다. 뱃사람들이 구슬을 물속에 집어넣어서 그때부터 자신은 죽었다고 생각하고, 어제까지 밥도 안

먹고 근심하다가 자식들에게 이야기를 하는데, 큰며느리가 어린애 젖을 먹이다 나가서는 구슬을 가지고 들어왔다는 이야기를 하였다. 또 그 구슬은 자신의 아들이 사온 생선의 뱃속에서 나온 것이라는 이야기를 하였다.

이 이야기를 들은 임금은 백남수에게 "너는 과연 '무수당' 간판을 걸 만하다."고 하며 사람들을 시켜 간판을 금으로 '무수당'이라 크게 써서 주었다. 그래서 백남수는 그것을 가지고 와서 죽는 날까지 근심 없이 잘 살았다.

기적

이 설화에서 나는 우선 '기적'을 챙겨 들었다. 나는 삶의 근거를 잃은 상태였고, 어떻게 살아야 할지를 몰랐기 때문이다. 아무도 없이 홀로 살아야 하는 나, 생존을 위한 돈벌이도 버린 나, 무작정 산촌에서 살고 싶은 나. 하지만 내가 찾아간 산촌은 나를 품어주지 않았다. 새로운 산촌의 터전을 찾아야 하는 나, '무수당 설화'의 기적을 믿기로 결정한 나는 무작정 인터넷에서 찾아낸 또 하나의 산촌으로 옮겨갔다.

잊어버린 구슬로 설화의 백남수 마음에 자리잡은 근심이 날이 갈수록 커졌다. 그렇듯이 당시 나의 마음은 내게 남은 삶을 위한 근심이 날이 갈수록 커지고 있을 때였다. 내가 계획한 대로 리모델링을 하려던 삶이 제대로 전개되지 않았기 때문이다. 그러다 백남수에게 기적이 일어날 수 있었던 것은 백남수가 근심의 원인인 구슬을 찾기 위하여 어떠한 일도 하지 않았기 때문임을 알아차렸다. 그러니 나도, 무엇을 해야 할지 모르는 내가 할 일은 아무것도 하지 않는 것임을 알게 된 것이다. 하지만 우리네는 자신이 무엇인가 해야 한다고 여기며 살아왔다. 그래서 덮어놓고 무엇인가 하게 되어 있다. 이것이 일반적인 습관이다. 그리고 무엇인가 한다는 사실이 마음을 편하게 하기 때문이다. 하지만 나는 그러한 나를 다독이며 나의 모든 계획을 내려 놓았다. 일단 은퇴한 사람으로 서울을 이미 떠났으니 온전하게 모든 것을 버리기로 결정했다.

그런 결정을 하고 이끌려온 지금의 산촌은 내가 생각한 대로 나를 즉시 품어주었다. 지금 살고 있는 산촌에서 내가 받은 느낌은 귀소歸巢[2]였다. 드디어 내가 돌아와야 할 곳에 돌아온 듯한 느낌을 마을과 이곳의 자연이 주었다. 이것이 내가 알아차린 백남수의 마음자세였다. 그가 아무것도 하지 않음으로써 잃어버린 구슬을 다시 그에게 불러왔다. 물에 들어간 구슬이 물고기의 뱃속으로, 아버지를 위해 아들이 구입한 물고기를 통해 며느리의 손에까지 이르렀다. 희한한 일이라 보관한 며느리, 우리는 이것을 흔히 기적이라고 말한다. 그러한 기적을 나도 만난 것이다.

그는 사람을 풀어 강바닥을 뒤지지도 않았다. 어쩔 줄을 몰라하며 방방 뛰지도 않았다. 그는 근심이 커져도 고요함을 유지했다. 자신을 담담하게 내려놓고 자신에게 다가온 일을 받아들이는 태도를 유지했다. 그의 성숙됨을 나는 이 부분에서 또 만났다. 가진다는 것이 무엇인지 깨우친 백남수는 다 내려놓음으로써 자유로운 삶을 살고자 하였다. 그런 그를 세상이 돕는 것이다. 그래서 기적이 일어난 것이다.

나도 그렇게 내가 살아야 할 곳을 만났다. 집을 찾아 여기저기를 헤매고 비교하지 않았다. 그저 담담한 마음으로 인터넷 검색으로 찾아낸 집, 내 눈을 사로잡은 집, 장작을 때는 아궁이가 있는 집으로 무작정 결정을 했다. 오지이나 들어와 보면 오지 같지 않은 마을, 그러나 오지인 마을이 나를 끌어당긴 것이다. 그렇게 나는 어떤 연고도 없는 청정지역, 산이 겹겹이 포개어져 있는 곳에서 근 100년이 되어 간다는 자그마한 오두막 같은 집을 만났다. 이러한 기적의 체험은 나를 더욱 더 내려놓게 했다. 그런 내게 기적으로 만난 나의 자연은 많은 것을 베풀어 주고 기쁨을 준다.

당당한 은퇴

대한민국이 최 단시일에 지금의 위치가 된 것은 우리 모두가 열심히 살았기 때문이다. "잘 살아보세"를 외치며 우리 모두가 잘 사는 나라를 이루었다. 하지만 열심히 살았던 사람들은 그 '열심히'라는 것을 쉽게 놓지 못한다. '열심히'가 최선의 생존전략이라 믿기 때문이다. 그들은 자식과 후배들에게 '열심히' 하라는 말을 늘 한다. 그리고 그들은 은퇴를 해도 무엇인가 일을 해야 한다고 생각하기 일쑤다.

요즈음 은퇴하고 자연에서 살기를 원하는 사람들이 많다. 하지만 그들 대부분은 아직 때가 되지 않았다고 말한다. 편안한 노후를 위해 더욱 돈을 쌓아두어야 한다고 생각하기도 한다. 또는 지금 가진 것이 별로 없으니 시골 생활을 위해 돈 마련을 해야 한다고 여긴다. 그러니 제대로 은퇴하는 것은 또 뒷전으로 밀린다. 사실은 변화가 두려운 것이다.

이야기의 백남수는 일가를 넉넉하게 일군 사람인 것 같다. 자신의 것을 자식들에게 나누어 주고, 가정과 재산에 관련된 책임도 권리도 다 내려 놓았다. 이런 사람만이 진짜 은퇴를 할 권리가 있는 것인가. 그것은 아니다. 나이 들어 여태 벌지 못한 돈을 마련하기 위해서 애쓰는 것보다는 '없음'을 인정하는 것이 마음도 몸도 편하다. 그래서 돈 벌기에서 은퇴한 나는 백남수처럼 놀며 삶을 즐기기 위하여 산촌을 찾아 본격적인 은퇴를 했다. 당당한 마음으로.

열심히 도시에서 살아온 나, 혹자는 그렇지 않게 볼 수도 있다. 하지만 매 상황에서 나는 최선을 다했다. 그러면 된 것 아니겠는가. 없는 자라고 은퇴를 못하겠는가. 당당하게 은퇴를 하고 '열심히'를 내려 놓고 살아보는 것, 그것이 진정한 은퇴라 여겨졌다. '무수당 설화'를 읽고 말이다.

존재감

멋있게 은퇴를 한 이야기의 주인공 백남수, 자신이 가진 재산과 책임을 다 내려놓았다. 자식들에 대한 애착도 내려놓았다. 그리고 그는 자신의 존재감을 확실히 한다. 근심 걱정이 없는 존재로, 자신에게 주어신 삶을 즐기고 누릴 존재라는 의식 말이다. 그것을 확실히 하기 위하여 그는 친구들과 모여서 놀 정각을 짓고 '무수당無愁堂'이란 현판을 붙였다. 근심과 걱정을 내려놓았음을 그는 현판으로 세상에 선언을 했다. 자신의 신념을 자신과 세상에 공표함으로써 그의 확고함을 나타낸 것이다.

이렇게 삶의 많은 부분을 내려놓고 단지 자신에게 주어진 삶을 누리기로 작정한 백남수. 그는 마음 자체에 근심을 담으려 하지 않았다. 그런 그에게 임금은 근심을 고의적으로 준다. 무엇을 가진다는 것, 그것을 지켜내야 한다는 것, 그것이 바로 근심의 원인임을 이야기가 일깨워준다. 우리의 자유를 구속하는 것이 바로 우리가 집착하는 소유임을 일깨워준다. 소유한 것을 잃을까 전전긍긍하는 두려움과 불안이 인간을 왜소하게 한다는 가르침이다.

자신의 존재감을 확실하게 갖추는 것, 위대한 인간임을 인정한 것이고 하찮은 물질의 소유를 넘어선 존재임을 드러내는 것이다. 물질을 소유하고, 그것을 겉으로 드러내어 자랑하고, 서로 비교하며 만족감을 누리는 그런 삶을 넘어선 삶을 그가 일러준다. 자신이 가진 것을 누가 빼앗을까 걱정하는 마음을 내려놓은 그의 존재감. 그것은 자신에게 주어진 삶을 누려야 할 존재라는 인식일 것이다. 나의 막연했던 이런 생각을 그가 박수를 치며 응원해주는 것 같았다. 나도 내가 그런 존재임을 확신하기로 했다. 자신에게 주어진 것을 누리고 나누고 하는 삶의 주인이라는 존재감, 그것을 나의 것으로 가지는 것이 맞다는 확신 말이다.

생각의 오류

이 이야기는 흔히 우리가 하는 생각의 오류를 정확하게 짚어준다. 한 나라를 다스려야 하는 임금님은 당연히 근심이 많을 수밖에 없다. '가지가 많은 나무는 바람이 잘 날도 없다'라는 속담을 우리네들은 다 알고 있다. 그러면서도 많은 사람들이 힘과 재산, 명예와 권력을 가지면 근심 걱정이 별로 없을 것이라 여기며 부러워한다. 많이 가진 사람이 행복하리라 믿기에 많이 가지려고 사람들은 노력한다. 우리가 많이 가졌다는 것은 '관리'라는 것과 '관리능력'을 요구한다. 가진 것을 지키기 위한 걱정과 근심, 두려움이 따르기 마련이다. 그러니 온전히 행복 할 수가 없다는 사실을 잊는다.

지금의 우리네들처럼 어사 박문수도 임금님도 백남수가 가진 존재감은 인간에게 있을 수가 없는 것으로 여겼다. 그렇다. 사람이면 누구나 근심과 걱정을 가지고 산다고 여기는 생각, 누구나 다 가지고 있다. 그리고 살기 위해서는 돈이 꼭 있어야 한다고 우리네들은 생각한다. 하지만 안락한 노후를 위해 늙은 몸을 이끌고 돈벌이에 열심인 사람이 오늘 밤에 죽는다면 그에게는 안락한 노후라는 삶은 없게 된다. 우리에게 전해진 생각의 오류, 각자 살면서 가지게 된 생각의 오류에 대해서 설화는 진지하게 생각하라는 가르침을 내린다.

반면선생인 영감 이야기

'무수당 설화'의 주인공인 성숙한 인간 백남수와 확실하게 비교되는 옛날이야기의 영감님을 소개한다. '양자 아들의 효행'[3]이라는 이야기에 나오는 영감님이다.

옛날에 노부부가 살고 있었다. 그들은 세 자매를 두고 있었는데 아들 없는 것이 늘 마음에 걸려 양자를 들여 키웠다. 그런데 세 딸이 모두 출가를 하고 아들까지 장성했을 즈음에 마나님이 돌아가셨다. 영감님은 갑작스런 아내의 죽음으로 당황해 하고 있었다. 그러다 영감님은 생각했다. '아무래도 얻어다 키운 자식보다는 내 속으로 난 자식이 낫겠지.' 하고 말이다. 그렇게 생각을 정리하자마자 영감님은 양자를 집에서 내보내 버렸다. 그러고는 세 딸에게 자신의 모든 재산을 똑같이 나누어 주었다. 자신의 재산을 나누어 준 후에 이 딸의 집 저 딸의 집을 돌아다니며 죽을 날까지 편히 살자는 생각에서였다.

영감님은 곧 생각을 행동으로 옮겼다. 첫 번째로 간 곳은 큰

딸의 집이었다. 큰딸의 집에 머물러서 아무 걱정 없이 보름이라는 시간을 보냈고 있었다. 그런데 하루는 큰딸이 말하기를 "아버지 둘째네 집에 다녀 오신지도 꽤 오래되셨으니 거기나 한번 다녀오시지요." 했다. 영감님은 그런 것도 같아서 "그러마."하고 둘째 딸 집으로 향했다.

둘째 딸 집에 도착하여 또 보름쯤 지내려니까 둘째 딸이 "아버지 막내네 집에 가 보신지도 오래니 거기나 한번 다녀오시지요."한다. 또 영감님은 "그래라."하고 셋째네 집에 가서 보름쯤 있자니 막내딸이 "아버지 큰 언니 집에 가보신지도 오래니 거기나 한번 다녀오시지요." 했다.

그렇게 딸들은 계속해서 아버지를 이리저리 떠넘기며 내돌렸다. 그래서 영감님은 생각했다. "이거 내가 괜히 양자를 내보냈구나. 딸년들은 다 소용없었던 것인데……. 내가 재산까지 똑같이 나누어주었건만 나를 이렇게 귀찮아 이리저리 떠넘기기만 하다니." 하고는 괴나리봇짐을 싸고 개떡을 몇 개 삶아 짊어지고 딸들을 떠났다. 그리고 이 집 저 집 문전을 다니면서 동냥하듯 얻어먹었다.

그러다 추운 겨울이 다가와 동짓달이 되었을 때 길을 가고 있는데 빨래터에서 빨래를 하던 아낙네가 갑자기 뛰어나와 영감님의 손을 잡는다.

"아니, 아버님 지금 어디를 가세요?" 하면서 말이다. 그것이 바로 양사며느리었던 것이다. 그 며느리가 아버님의 손을 잡고 집으로 모시고 들어갔는데 방안에는 갓난아이가 잠들어 있었다. 며느리는 아이를 낳은 지 사흘밖에 안된 몸으로 빨래를 하러 나왔던 것이었다.

며느리는 마침 동네에 잔칫집이 있어서 그 곳에 가서 음식을 가져왔다. 그런데 영감님은 몇 날 며칠 추위 속에서 제대로 먹지도 못한 상태여서 허겁지겁 음식을 게걸스럽게 먹었다. 그러다 그만 먹은 음식이 체해 버렸다.

며느리는 시아버님에게 "아버님 방안에 가만히 누워 계세요. 제가 가서 빨래를 마저 해가지고 올게요." 하고는 가서 빨래를 해 가지고 왔다. 며느리가 방문을 열고 들어서자마자 그녀는 질겁했다. 영감이 아이를 깔고 누워서 아이가 죽어있었던 것이다. 며느리는 눈물을 흘리며 아이를 하얀 헝겊에 싸서 한 쪽에 놓아두었다.

얼마 후 잔칫집에 갔던 남편이 돌아왔다. 아내는 남편에게 이래저래 해서 아버님을 만나 집으로 모시고 와서 잔치음식을 가져다 드렸는데 그걸 드시고 체하셔서 누워 계시다 저렇게 아이를 죽였다고 말했다. 그랬더니 남편이 정색을 하며 "자식은 또 낳으면 자식이지. 괜찮다."라고 말했다.

부부는 죽은 아기를 정성스럽게 싸 가지고 묻으러 산에 올라갔다. 자리를 잡고 구덩이를 파기 시작했다. 얼마쯤 파냈을 때 큰 돌 하나가 구덩이를 막고 있어서 더 이상 파낼 수가 없었다. 그 돌을 파내야만 아이를 묻을 수 있었기 때문에 부부는 땅을 파내고 파냈다. 그렇게 끝내는 그 돌을 파냈다. 그런데 파내고 보니 그것은 그냥 돌이 아니라 번쩍이는 금덩어리였다. 더 놀라운 것은 그 금덩이를 캐내자마자 죽은 아이가 손안에서 튕겨져 나가 떼구르르 구르더니 다시 살아난 것이었다. 그것은 그들의 효성이 하늘을 감동시켜서 그들에게 복을 주신 것이다. 그 후로 그들은 홀 아버지와 함께 평생 행복하게 살았다고 한다.

'만수당 설화'와 비슷한 듯하면서도 완전히 다른 이야기다. 재산을 딸들에게 다 나누어 주었지만 그는 백만수와는 삶을 바라보는 자세가 그야말로 완전히 다르다. 마나님을 잃은 영감님은 경솔함과 얄팍함으로 자신을 불행으로 인도했다. 그의 불쌍함은 오늘날에도 친부모와 자식 간에 많이 일어나는 문제이기도 하다.

여생을 그저 편히 먹고 지내려고 한 영감님은 그야말로 얄팍한 사람의 전형이다. 그리고, 또한 자신의 핏줄만을 믿는 단순 무식한 사람이다. 그런 삶의 태도가 자식을 제대로 키우지 못했고 얄팍한 삶의 자세를 딸들의 마음에 심었을 것이다. 자신의 편의를 위해 양자로 삼았다가 쉽게 버리는 행동을 딸들이 그대로 아버지에게 한 것이다.

우리는 살면서 삶을 사는 태도, 바라보는 자세, 살아가는 방법, 이런 것들을 자손들에게 알려주어야 할 것이다. 자신이 삶을 통해 갖춘 존재감도, 삶과 세상을 바라보는 자세도 자신들의 생활을 통해서 자연스럽게 자식들에게 스며들게 해야 할 것이다. '무수당 설화'의 영감님, 백남수는 성숙한 인간으로 자식들을 제대로 키웠음도, 자신을 제대로 키웠음도 우리는 이야기를 읽으면서 알아차린다.

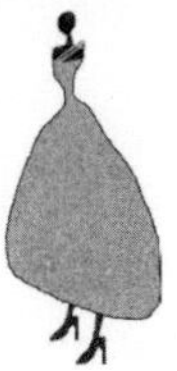

•••

나는 매 순간 최선을 다했다.
그리고 내가 망가질 수 있는 상황에서도
나는 나를 지켜냈다.
그러니 당당함으로 나의 남은 삶을 즐기면 된다.

02 실천하면서

위의 두 옛날이야기를 보면서 더욱 성장 해야 한다는 사실을 챙겨 들었다. 여전히 남아있는 얄팍함은 살면서 찾아지는 족족 버리면서 말이다. 그리고 백남수가 최선을 다한 삶을 살았기에 당당함으로 은퇴를 했다고 보았다.

상황이 어떠해도 60년 간 나는 최선을 다 해서 살았다. 그러면 된다고 본다. 내 삶이 서툴러서, 또 몰라서 바람직하지 않은 면도 많았을 것이다. 하지만 나는 매 순간 최선을 다했다. 그리고 내가 망가질 수 있는 상황에서도 나는 나를 지켜냈다. 그러니 당당함으로 나의 남은 삶을 즐기면 된다. 그래서 옛날이야기에서 알아차린 것들의 의미를 이해하고 적극적으로 백남수가 제시한 삶의 방법을 따라 은퇴한 나의 삶을 운영하기로 결정을 했다.

그 때 나는 이미 서울을 떠나 전북 완주군의 한 산촌에서 집을 빌려 살고 있었다. 하지만 그 마을에서는 나를 품어주는 느낌을 받지 못했다. 그리고 집도 낡았지만 양옥집이었다. 내가 살고 싶은 아궁이가 있는 집을 시골에서 찾아내는 것도 쉽지가 않았다. 그리고 전주라는 도시와 가까운 마을은 이미 여러 부분에서 도시 삶의 방법을 뒤쫓고 있었다.

내가 가고 싶어하는 오지란 과연 어디일까? 그리고 내가 오지에서 살 수 있을까? 그 적당한 타협점을 어디일까? 나는 알 수가 없었다. 그저 막연한 바램이었을 뿐이다. 그러다 '당신을 닮은 사람들'이란 책을 내면서, 백남수의 얘기를 거듭 보면서, 인터넷을 통해 지금 살고 있는 충청남도 금산군의 한 오지 마을을 찾을 수 있었다. 이 마을은 오지가 아닌 듯 하나 오지인 마을이다. 우리네 시골 옛 삶의 방식이 여전히 남아있는 곳이다. 인구도 희박한 곳이다. 하지만 생명체의 밀도는 엄청 높은 곳이다. 이렇게 내 산촌의 삶은 기적으로 시작되었다.

기적과 함께 하는 삶

기적적으로 만나진 나의 산촌, 나는 '청산에 살어리랏다'를 외치며 청산이 즐비한 이 마을과 자연이 주는 혜택을 누리고 있다. 이 산촌에 인도되어 온지 이제 2년이 되었다. 살수록 이 만남, 산촌이 나를 불렀음을 알겠다. 이 산촌 마을은 내가 미처 명료하게 알아차리지 못한 나의 욕구까지 반영하고 있으니 말이다. 전혀 있는 지도 몰랐던 곳, 청산의 삶이 이리 행복할 수 있는 지 몰랐던 내가 지금 더도 덜도 없이 지극히 만족한 삶을 살고 있으니 말이다.

....

그저 막연히 전원에서 자연과 가까이 하면서 살고 싶다는 마음. 하지만 자연에서 산다는 것이 무엇인지 구체적인 것은 알 수가 없었다. 그렇게 살아본 경험이 전혀 없었기 때문이다. 그냥 가까이에 산이 있고 물이 있으면 될 것 같았다. 사람들이 인위적으로 만든 것들이 아니라, 자연이 자연스레 오랜 시일을 통해 만든 것들과 함께 했으면 좋겠다는 생각을 했다.

먹거리도 인공적인 맛을 내려 놓고, 자연스런 맛을 찾고 싶었다. 전기와 물질 문명이 만들어낸 기기들에서 벗어나고 싶었다. 그러나 그런 삶이 구체적으로 어떠해야 하는지는 알 수 없었다.

서울을 처음 떠나서는 한 후배의 안내로 경기도 양평에서 작은 양옥집을 빌려 16개월을 살았다. 전철역에서 버스를 타고 조금 들어가는 경기도 양평읍의 한 귀퉁이, 산이 있고 논과 밭도 있었다. 서울에서 전원을 찾아 온 사람들, 그곳의 토박이들이 어울려 있는 개발도상지역이었다. 내가 원하는 시골 생활을 배울 기회가 별로 없었다. 혼자 야산을 다니며 비로서 산에서 살아있는 취, 나물이 되기 이전의 취의 모습을 확실히 알게 되었다. 취도 채집하고, 열매도 따 먹으면서 시골에서 제대로 시골 사람으로 살고 싶다는 마음이 보다 확실해 졌다.

당시 원하는 삶이 무엇인지 명확하게 몰랐던 나는 직접 살아보면서 조금씩 원하는 것을 구체화할 수가 있었다. 그러다 나는 자연스레 좀 더 산촌을 찾게 되었다. 전라북도 완주군의 한 귀퉁이, 산으로 사방이 둘러싸인 시골에 집을 하나 빌리게 되었다. 전주 시내에서 아주 가까운 곳으로 시내와 이렇게 가까운데 시골의 맛이 이렇게 나는 곳도 있구나 감탄을 하며 이사를 했다. 그런 집을 한 무가지 부동산 광고에서 찾아냈다는 것이 기적으로 느껴졌다. 집도 양옥집으로 방이 세 개에다 마루와 부엌과 식당이 무척 큰 집이었다. 집에서 왔다 갔다 하면서 놀기가 좋았다.

하지만 넓은 집, 창문이 많은 집에 산다는 것, 물건들을 펼쳐놓고 살기가 좋은 곳이다. 그러나 청소를 해야 할 공간이 많아 힘도 들고, 겨울에 난방비가 많이 들었다. 그래도 집의 한기를 몰아내기가 쉽지 않았다. 그러면서 집에 대한 개념이 정리되기 시작했다.

거기에다 도시와 붙어있다는 것은 그곳의 사람들이 준도시인이라는 말인 것 같다. 기대했던 시골의 모습과는 거리가 있는 것 같았고, 그 마을에 본격적으로 끼어드는 방법을 잘 알지 못했다. 동네의 노인들이 일하는 것을 보면 도우려 했다. 늘 열심히 일하는 그들처럼 같이 일하고 싶었으나 이도 쉽게 되어 지지는 않았다.

그러면서 나는 집에 대한 개념을 확실하게 바꾸기로 결정했다. 집은 내게 잠자리를 제공해주고, 은신처가 되어주는 곳이면 충분할 것 같다는 생각이 들었기 때문이다. 청소를 쉽게 하기 위하여 걸레질 할 곳은 최소한으로 하고, 환한 태양 아래의 마당에서 생활을 주로 하는 것으로 생각을 정리 했다. 그러고 보니 예전부터 우리 조상들은 그렇게 살았던 것 같다. 작은 집, 야트막한 집에서 먹고 자고, 낮에는 밖에서 일하면서 말이다.

....

이사를 하고 싶다는 욕구를 가득 안은 나는 마침 '당신을 닮은 사람들' 책 작업을 마치면서 백남수가 만난 기적에 대한 생각을 깊게 하고 있었다. 그러다 어느 순간 인터넷에서 충남 금산군 오지마을의 집을 찾았다. 집 임대 게시 글이 한눈에 나를 사로 잡았다. 바로 연락을 하고 집을 보고 찬찬히 살피지도 않고는 느낌만으로 이사를 결정했다. 15개월만에 전라북도에서 충청남도로 주거지를 옮기기로 결정한 것이다. 그러면서 전국을 무대로 집을 옮길 수 있다는 자유로움에 기뻤다. 연고지일 필요도 없고, 나 홀로 이렇게 자유로울 수도 있다는 것이 충격적인 기쁨을 느끼게 했다.

내가 새롭게 안내된 집은 집 4채가 어느 정도 나란히 붙어 있는 끝 집이었다. 중간에 있는 집은 빈 집이다. 거기에다 옆집과 좀 떨어져 있고, 옆집과는 뒤돌아서 있다. 집 마당에서는 산과 골짜기만 보인다. 숲 속의 오두막이다. 옆집에서도 길에서도 집과 나는 전혀 보이지 않는다. 이것이 결정적으로 내가 원했던 집이다. 내가 마당에서 혼자 먹고 혼자 있는 것이 남의 시선에서 자유롭기를 원했기 때문이다. 이런 구체적인 요소가 시골에서 살면서 점점 내가 살고 싶은 집으로 갖춰진 요소이다. 집에서 자연스레 산으로 들어갈 수 있고, 산에서 나무를 끌고 와 장작을 장만 할 수도 있는 집이다.

지나간 겨울을 전라북도의 넓은 양옥집에서 춥게 지낸 나는 따스한 온돌이 그리웠다. 전기장판 같은 그런 것 말고 다른 따스함을 나의 몸이 원했다. 그런 내게 구들이 놓여진 집, 장작으로 아궁이에서 불을 때는 것으로 난방도 해결하고 온수보일러까지 가동된다. 근 100년 전에 지었다는 이 집은 구들이 정말 제대로 잘 놓여진 것 같다. 아궁이 하나로 옆방까지 아랫목이 따스하다. 신기한 일이고, 평생 해보지 못한 경험, 아궁이에서 불을 지피면서 재미가 넘쳤다. 아궁이에서 하는 불장난에 신이 나기도 한다. 그리고 나의 꿈인 도끼로 장작을 팰 수 있는 기회가 주어졌다는 사실만으로도 진정 기뻤다.

지금의 마을에서는 이사를 하자 동네 사람이 찾아와 환영을 해주었다. 그리고 당연히 시골에 왔으니 일을 해야 한다는 듯이 말했다. 내가 원하던 것이다. 시골생활을 선택했으니 삶의 태도도 삶의 방식도 달라져야 한다는 나의 생각대로 이들은 나의 노동력을 환영했다. 바로 그들의 요청으로 나는 깻잎 따는 작업을 도왔고, 품삯을 받는 일에 동원도 되었다. 이것은 그들이 나를 탐색하는 작업을 하지 않고 곧바로 자신들과 같은 사람으로 받아들인 것을 의미할 것이다. 전의 동네와 근본적으로 다른 모습이 이 부분이다. 전의 동네에서는 있는 동안 내리 사람들이 나를 탐색하는 자세를 보였기 때문이다. 아마 내가 그들과 무척 다르게 보였기 때문일 것이다. 거기에다 늙은 여자 혼자 서울에서 산골을 찾아온 것을 이해하기 힘들었기 때문일 것이다.

....

기적으로 찾은 집에서 겨울을 지내면서 내가 살고 싶은 집의 요소에 또 변화가 생겼다. 겨울에 방문을 닫으면 한지로 된 문 때문에 밖이 보이지 않았기 때문이다. 따스한 낮 마당에 있을 때를 빼고는 자연과 격리되어 굴 속에 웅크린 듯한 느낌이 들었다. 그래서 작은 옛 시골집에 마루 앞에 거실 같은 공간을 만들고, 밖이 보이는 유리창문을 내고, 화목난로를 놓고 싶었다. 그렇게 내 생각이 구체화 되자 가까이에 있는 집이 내게로 왔다. 도통 빈 집이 나오지 않는 마을이다.. 그런데 그 집에 사시던 노부부가 건강이 안 좋아지시면서 도시의 자식들 근처로 이사를 가게 된 것이다.

우리는 자신이 원하는 것이 무엇인지 처음부터 구체적인 것을 알기는 힘들다. 하나씩 진행되면서 구체적인 요구사항이 나오게 되고, 그러면서 자신이 원하는 삶으로 진행되는 것이라 나는 확신한다. 그런 욕구가 나를 안내하고, 원하는 삶의 자세를 더욱 상세하게 만들어 나간다는 경험이 나의 발걸음을 더욱 확실하게 한다.

그리고 나는 이제 확신한다. 자신이 원하는 것을 구체적으로 확실히 알게 될 때 그것이 자신의 것이 될 수 있음을. 그리고 집을 소유하지 않았기에 언제라도 이사를 할 수 있었던 경험, 얽매이지 않은 자유가 기적을 가능하게 함도 확신한다. 내가 살던 집들이 나의 것이 아니기에 훌훌 털고 나를 부르는 집, 내가 살고 싶은 환경으로 바로 옮겨가는 자유로움, 그것이 또한 기적을 일으키는 중요한 요소였음을 확신한다. 서울의 비싼 집, 빌려도 세가 나가야 그 집에서 이사를 나갈 수 있다. 자신이 소유한 집이면 대체로 그것도 팔려야 이사가 가능하다. 나처럼 즉각적인 움직임이 가능하지 않은 것이다.

....

나는 새로 이사한 집에서 봄을 맞으며 예쁘고 사랑스러운 꽃밭을 가지기로 마음 먹었다. 그래서 봄이 되면서 꽃밭을 조금씩 채워갔다. 마을에서 꽃을 얻기도 했고, 일부 야생화는 사기도 했고, 숲에서 얻어오기도 하면서. 그러다 봄이 깊어지며 이른 봄의 꽃들은 지고, 아예 자취를 감추었다. 그런 꽃밭에 느닷없이 채송화가 모습을 적극적으로 여기저기 드러내더니 진정 내가 원하던 꽃밭을 이루었다. 전체 꽃밭의 대부분을 채송화가 채워가고, 자신의 예쁨을 자랑한다. 그들의 꽃이 알록달록하게 조화를 이루며 예쁘고 사랑스러운 모습이란 이런 것임을 알려준다.

내가 이사 오기 전인 작년까지 나의 꽃밭은 야채 밭이었다. 그런데 이 많은 채송화의 씨가 어디에 있었는지, 이렇게 다양한 색으로 피어나 화려한 꽃밭을 만들 수 있는지, 나는 모른다. 나는 이것도 기적이라 여긴다. 기적이 일어난 방법을 캐낼 필요는 없다. 그저 그것을 받아들이고 즐기면 되는 것이라고 생각한다.

내가 꽃밭을 원한다는 것만으로 땅 속에서 잠을 자던 채송화들이 깨어나 지상에 자신을 발현시킨 것이라 믿어진다. 하나 둘 깨어나더니 자기네들이 살만한 공간이 이제 마련되어 있음을 알아차리고는 일제히 그들은 깨어 일어났다. 이제는 밭으로 가는 길, 마당에도 그들은 자신의 꽃을 내밀고는 내게 기쁨을 준다.

채송화가 예쁘니 마을의 몇 집에서 채송화를 달라고 해서 그들과 나누었다. 그들은 이사간 곳에서 다채로운 색으로 사람들을 기쁘게 할 것이다. 서울에서 온 손님까지 채송화를 뽑아갔다. 나는 내게 주어진 채송화를 나누는 역할을 함으로써 사랑스러움을 전파한 꼴이 된다. 의도하지 않았어도 말이다.

나는 화려한 채송화 무리를 보면서 기적을 느꼈고, 나의 선택이 그들을 깨워 지상에 끌어 냈음을 믿는다. 그들은 자신의 몸을 짓눌렀던 야채들이 사라지자 기지개를 켜며 깨어날 수 있었음을 믿는다.

이것은 우리 사람들도 자신을 채우고 억누르고 있는 것들을 제거함으로써 새로운 능력, 다양한 능력을 끌어낼 수 있을 것이라는 확신을 준다.

또한 나의 꽃밭이 예쁨으로써 남들에게 그런 예쁨을 가지고 싶은 욕구를 주는 것, 그것이 영향력일 것이다. 그러니 나는 내가 사랑스럽고 아름다운 존재가 되면 된다는 깨우침을 다시 챙긴다. 그러기 위해 나는 기쁘게 느껴지는 일을 하고, 평화로움을 누리고, 여유로움을 즐기고, 나를 제한하지 않으며 기적을 체험하며 산다.

기적도 믿는 자의 몫이다. 기적이라는 것 자체를 믿지 못한다면 기적을 경험 할 수가 없을 것이다. 내가 지금 나의 예쁘고 사랑스러운 꽃밭을 즐기며 아름다운 산촌에서의 삶을 누리는 것도 기적이다. 꽃밭이 환하게 내려다 보이는 곳에, 펼쳐진 산들이 보이는 곳에, 나의 책상이 있을 수 있는 것도 기적이다. 자연이 베푸는 것들을 먹고 즐길 수 있는 기적의 삶. 기적을 믿음으로써 기적을 수시로 경험하고, 내가 되고 싶은 나로 성장하며 멋있게 꽃을 피워가는 나 자신이 자랑스럽다. 그런 나를 품어 주는 자연과 세상에 고마움이 넘친다.

자유와 존재감

근심 걱정이 없는 존재로 자신에게 남겨진 삶을 즐기고 복을 누리기로 결정을 한 백남수. 당당한 은퇴를 할 권리를 가진 존재, 행복한 존재라는 그의 인식은 나를 감동시켰다. 나도 행복하기로 이미 결정을 했기 때문이다. 나의 행복이 어떤 조건에 의해서 결정되는 것이 아님을 깨우쳐 알았기 때문이다. 그저 내가 행복한 존재라는 의식을 가지면 된다는 나의 생각에 그의 이야기는 엄청난 박수를 쳐 주었다.

기적으로 찾아낸 집에서, '만수당 설화'에서 찾아낸 존재방법을 실천하면서, 나는 지극히 만족한 삶을 살게 되었다. 가진 것이 없으니 집을 싸게 빌려서 살아보고, 마음에 들지 않으면 새로운 곳을 찾아 떠날 수 있으니 말이다. 자유로움을 만끽할 수 있는 기회를 준다.

60세 이전의 나는 자유를 갈구했다. 과거 나의 삶은 많은 것이 나를 구속했고 또 많은 것에 얽어 매여 있었기 때문이다. 나의 마음대로 살 수가 없었기 때문이다.

자유롭지 않기에 자유를 꿈꾸었고, 꿈을 꾸었기에 내게 자유가 다가왔다. 자유로울 수 있음에 나를 얽매고 있는 것들을 하나씩 풀기 시작했다. 우선 내가 자고 싶은 시간에 잠을 자고 일어나고 싶을 때 일어난다. 그럴 수 있다는 현실이 감동으로 다가왔다. 하지만 그렇게 지속적으로 살기 위해서는 나를 구속하던 생존에 대한 두려움을 버릴 것이 요구되었다.

• • • • • • • • • •

과거에 나는 나의 생존을 위해서는 내가 움직여 돈을 벌어야 한다고 생각했다. 돈을 벌어 나의 생존에 필요한 것을 구입하고 먹거리를 사야 한다고 말이다. 그리고 사람도 만나야 하고, 직장에도 다녀야 한다는 생각. 나는 '돈을 벌어야 한다'는 생각 일체를 버리기로 했다. 그래야 내가 자유로울 수 있다는 것을 알아차렸기 때문이다.

그런 나를 가져다 놓을 곳을 찾던 나. 자연이 나를 불렀다. 그렇게 나는 산골에 산다. 일을 하지 않으면서. 그런 내게 자연은 먹거리를 제공한다. 자연이 나의 생존을 책임지고 있음을 시간이 흐르면서 확실히 알게 되었다.

집을 소유하지 않았기에 마음이 움직이는 대로 즉시 집을 바꿀 수 있는 자유. 사는 마을이나 지역이 마음에 들지 않으면 즉시 새로운 공간을 찾을 수 있는 자유. 이것이 바로 무소유가 주는 자유라고 본다. 가진 것이 없는 내게 집은 소유의 대상이 아니라 그저 내가 사는 공간이고, 삶을 누리는 공간일 뿐이다. 그 공간이 있는 마을이나 지역 그리고 주변 사람도 언제든 나는 바꿀 수 있는 자유인이다.

• • • • • • • • • •

산촌생활, 새로운 존재양식이 마련되었다. 내가 원하던 나비의 삶이다. 항상 가벼워야 날 수 있다. 소유의 필요도 욕구도 사라졌다. 산촌을 유유히 날다 보면 각종 나물도, 열매도 철 따라 주어진다. 내가 먹거리를 얻는 방법도 나비를 닮아간다. 산골짜기를 누비며 만나는 먹거리를 얻는다. 마을의 어르신이 일하는 것을 보면 잠시 일을 거든다. 그 어르신들은 가끔 내게 먹거리를 제공한다. 나의 존재양식은 이렇게 얻어먹는 것이 되었다. 나비가 꽃에 앉아서 자신의 먹거리를 취하는 행위를 하면서 꽃가루를 매개하듯이 말이다. 그렇게 내게서 생존에 대한 두려움이 사라졌다. 그런 내게서 무서움이라는 것, 외로움이라는 것 등 부정적인 감정들이 어느 순간 싹악 사라졌다. 그리고 대신 내가 선택했던 행복한 존재라는 의식이 나를 채웠고, 새로운 존재양식을 세밀한 곳까지 구체화해 가면서 나 자신에게 감사하고 만족하게 되었다. 그런 내게는 새로운 시선이 생겼다. 나를 행복하게 또 신나고 기쁘게 하는 것들을 보는 것이다. 자연스레 그렇게 나는 진정 내가 원하는 존재가 되어갔다. 자유로운 존재로 자연을 즐기는 존재로 말이다.

나는 내게 먹거리가 줄지어 늘어서듯이 마련되어짐에 항상 감동한다. '감사의 기도를 들여야지'라는 생각이 아니라 감사와 감동에 벅찬 상태에서 내게 베풀어진 음식을 먹는다. 그런 음식은 나의 자율적인 소화시스템을 거치면서 소화 흡수 되어 나를 건강한 자유인으로 유지하리라 믿는다.

그렇게 나는 자유인이 되어 산촌에서 홀로 기쁨을 누리며 행복한 존재로 산다. 나의 삶이 바로 천국의 삶이고, 내가 바로 지상의 신선이라고 여기면서 말이다. 그런 내게 이제 해야 할 것도 없다. 의지할 것도 없다. 바로 진정한 자유를 획득한 존재로 살 뿐이다.

....

사업을 하다 파산을 했다는 나의 과거, 생존의 여건을 제대로 갖추지 못했다는 사실로 당당한 은퇴를 하지 못하고 어정쩡하게 한 은퇴. 그런 생각이 나의 행복한 존재라는 의식을 불안정하게 했다. 하지만 그렇다고 내게 어떤 뾰족한 수가 있는 것도 아니다. 방법도 모르는데 일단 나는 당당한 은퇴자라는 존재감을 가지기로 했다. 그렇게 함으로써 내가 행복한 존재라는 의식이 온전해 질 수 있었다.

그런 존재감은 잃어버린 것에 연연하는 대신 남아 있는 것에 감사하는 마음으로 더욱 나아가게 했다. 삶을 긍정적인 방향으로 변화시키고, 부정적인 생각들은 사라져 갔다.

· · · · · · · · · ·

행복은 내가 선택해야 할 정신의 자세였다. 무조건적인 행복이란 무조건적 사랑처럼 특정한 상황이나 요구 조건에 달려 있지 않다. 지금 이 순간 충만한 행복감을 느끼기 위해서는 모든 일이 내가 원하는 대로 되어야 한다는 어리석은 생각은 사라져 갔다. 상황이 좋아지는 먼 미래로 행복을 연기하는 것은 지금을 의미 없게 만든다. 어떤 상황에서도 나는 행복할 수 있다는 이유만으로 지금 행복하겠다는 결정을 했다. 그러자 주변의 모든 것이 행복감을 준다. 행복한 자로서 이 세상을 바라보기 때문이라고 본다.

이러한 존재감은 내게 부족한 것에 집착하기보다는 삶이

내게 준 기회에 감사하며, 내 깊은 곳에서 보물찾기를 하게했다. 우리에게 새로운 성취의 기회를 불러오는 것은 불행을 극복하고 그것을 긍정적 에너지로 변환하려는 우리의 의지이다. 내가 원하는 기적, 내가 만난 기적은 내가 가지게 된 존재감에서 비롯되었다고 본다.

이렇게 사람은 어떤 상황이나 누군가에 의해 행복해 지는 것이 아니다. 자신이 행복한 존재임을 알아차리는 것으로 행복해 진다는 것을 나는 확신한다.

....

지금의 우리네들이 세상에서 살아 남으려면 가져야 한다고 여기는 그 어떠한 것도 나는 가지고 있지 않다. 나는 나의 생존을 자연에 맡겼다. 그러한 내게 자연은 풍요로움으로 베풀고 나의 필요를 채워준다. 내가 의존해야 한다고 여긴 것들에 대한 생각들이 사라져 간다. 미처 알아차리지 못한 것도 알아차리게 되면 나는 버릴 것이고 그러면 그것은 사라질 것이다. 그런 존재로 나는 풍요로움으로 삶을 누리고 건강하고 부유한 존재, 귀중한 존재라는 존재감으로 산다. 모든 사람이 원하는 행복, 나는 늘 행복을 느끼는 행복한 존재가 되었다.

생각의 교정

오늘날의 우리네들은 지나치게 자신이 계획하고, 자신이 '열심히' 노력해야 하고, 자신이 판을 짜야 하고, 자신이 사람들을 움직이게 하고, 자신이 남 보다 더욱 잘 해야 하고, 이런 등등의 모든 일들에 '자신'이 나서야 한다고 생각하는 것으로 보인다. 자신의 습관이나 자신이 살면서 설정한 구조에서만 보고 들으면서 말이다. 그러다 보니 '꼭'이러해야 한다는 생각을 목표로 삼고, 오지 않은 미래를 위하여 '지금'은 저당 잡힌다. 즐거움과 기쁨은 미래로 밀고 사는 것으로 보여진다는 말이다. 그러면 지금에 남는 것은 열심히 노력하고, 아끼고, 쉬지 않는 것만 남는 것은 아니겠는가. 이것이 바로 삶의 고단함일 것이다. 산촌에 오니 80세가 넘어도 고단함 속에 절어 사는 노인 분들이 많다. 그들은 젊은 시절의 여유롭지 못했던 삶의 형태를 여전히 지속하고 있는 모습을 보여 주기도 한다. 마치 고단하기 위해서 사는 것처럼 살기도 한다. 그런 모습들이 생각의 오류를 교정할 것을 촉구하는 것 같다.

고맙게도 나는 나의 내일은 모른다. 그저 지금 내가 있는 여기에서 편안하고 즐거움을 느끼는 것만 알고, 그렇게 지낸다. 내가 평화로움을 만끽하고 행복감에 충만해 있으면 멀리 있는 나의 딸들에게도, 고단한 세상의 사람들에게도 그러한 것이 전달되리라 나는 믿을 뿐이다. 늘 무엇인가 해야 한다는 생각을 버리고, 내가 그들을 위해서 무엇을 해야 할지 모른다고 생각을 교정했기 때문이다. 나는 나의 내일을 위해 무엇을 해야 할지 또한 모른다. 그러니 내가 무엇인가 해야 함도 내려 놓았다. 그러니 내게 남은 것은 지금 그저 편하게 놀고, 잘 먹고 쉬는 것이다. 평화와 안정을 즐기고, 그에 감사하는 것만이 내가 할 수 있는 것이다. 이렇게 나는 가지고 있던 생각의 오류들을 고치면서 산다.

• • • • • • • • •

우리네들은 자신이 지혜를 가졌다고 생각한다. 마치 자신이 옳고 그름을 판단할 능력이 있다고 여기는 것 같다. 대부분의 사람이 그러하다. 안전하다고 느낄 때의 사람들은 그런 것 같기도 하다. 하지만 정작 지혜가 필요한 시점, 옳고 그름을 판단해야 할 시점에서는 대부분 그렇지가 못하다.

겁이 난 상황, 자신이 위태롭다는 생각이 사람을 얄팍하게 했기 때문이다. 두뇌시스템도 얄궂게 돌아가기 때문이다. 그리고 겁이 난 상황도 사실은 별로 겁이 날 상황도 아니고, 작은 변화일 뿐임에도 그러하다.

겁이 많은 사람들은 끊임없는 불안과 의혹 속에서 자신이 살고 있다고 여긴다. 이 말은 끊임없이 자신을 안심시켜 주는 것을 사람들이 추구한다는 의미이기도 하다. 그래서 달콤한 거짓말을 듣고 싶어하며, 불안스러운 진실을 외면하려고 한다. 자신에게 생각과 행동의 방향을 알려주는 자극과 가르침도 또한 외면한다.

하지만 달콤한 거짓말은 찰나의 위로일 뿐이다. 그래도 찰나의 위로를 구하는 수많은 사람들이 달콤한 말들에 놀아나는 세상인 것 같다. 그래서 세상은 더욱 거짓이 되어간다. 단순함을 잃고 복잡해지고 있다. 자신의 두려움과 겁을 감추는 포장술이 더욱 늘어나기 때문이다.

사실 우리들은 자신이 원하는 것도 잘 모른다. 그리고 알면서도 행동은 흔히 그와 다르게 한다. 지식을 가지기만 했기 때문이다. 감동을 받고 일시적인 교정작업을 해도 순간이기가 쉽다. 이것을 알아차리기 위해 자신과 주변을 관찰하며 나는 미세한 차이를 알아나가게 되었다. 그리고 행동하면서 늘 실수를 연발하는 나 자신을 규제하면서 나와 하나된 '삶'을 만들어간다.

....

사람들은 행복하기 위하여 돈을 벌고 모은다고 한다. 하지만 목표치를 달성해도 '더 많이'를 외치며 목표를 수정한다. 그것은 더욱 많이 가진 사람들을 보기 때문이다.

젊은 시절 알았던 친구가 하나 있다. 신혼살림을 셋방살이로 시작한 사람이다. 그녀는 친구들의 결혼생활이 서울 강남의 아파트에서 시작되는 것을 보며 부러워했다. 노력하여 30평대의 아파트를 결국 마련했다. 하지만 그것을 즐길 틈도 없이 그녀는 결핍을 온 몸으로 느끼며 괴로워했다. 30평대 아파트로 결혼생활을 시작한 친구가 어느새 50평대 아파트에 살기 때문이었다.

그녀는 비교함으로써 행복을 잃었고, 50평대 아파트 마련을 위해 또 열심히 살았다. 이렇게 생각의 오류에 의한 비교는 사람을 피곤하게 한다. '결핍감'이 사라지기가 어렵기 때문이다. 그래서 미래의 행복을 위해 지금을 저당 잡히고 살게 된다.

요즈음 대부분의 사람들이 행복을 추구한다면서 돈의 소유를 좇는다. 돈의 소유가 삶의 질을 결정한다는 의식을 자신도 모르게 가졌기 때문이다. 이것이 바로 근원적인 생각의 오류이다. 진짜가 아닌 것을 진실이라 믿을 수 있다는 것. 사람들과 사회가 무엇엔가 마법에 걸린 듯 하다. 진짜를 알아보지 못하고, 그림자 세상을 사는 것으로 보인다. 행복하고 싶은 사람이 긴장된 삶, 비교하며 결핍감에 시달리는 삶을 사니 말이다.

오늘날 사람들의 삶을 선택하는 결정적인 구분자가 된 물질. 그 물질의 소유를 넘어서 사니 기쁘다. 주어진 것에 감사하며 만족하고 산다는 것, 신나는 일이다.

. . . .

우리들은 살기 위하여 꼭 돈이 있어야 한다고 여긴다. 생존에 필수적인 식품도 사는 것이라고 안다. 도시에서 살면서 당연히 돈이 필요한 것으로 나도 알았다. 그래서 나이 60까지 돈을 벌었고, 돈 버는 일을 놓을 수가 없었다. 하지만 나는 이 부분에 의문을 가지게 되었고, 기적의 삶을 선택하고는 그 지식을 버렸다. 나의 생존을 자연에 맡긴 것이다. 그렇게 '얻어 먹는 삶'의 길로 들어섰다.

자연은 내게 많은 먹거리를 제공한다. 우리네 조상들이 흔히 먹던 풀, 흔해서 거의 지금은 먹지 않는 풀, 그 자연 안에서 농사를 짓는 분들이 제공하는 먹거리들. 나의 영역 안에서 자라나는 야채들. 손님이 온다고 하면 도시의 사람들은 음식재료를 사러 돈을 들고 나갈 것이다. 하지만 산촌의 나는 야채를 가지러 텃밭으로 나간다. 그리고 겨울이 되면 흔한 철에 만든 장아찌류, 말려 놓은 나물들이 요리의 재료가 되어준다. 거기에다 '얻어 먹는 삶'을 선택하니 도시에서도 많은 먹거리들이 내게로 온다. 결국 내가 선택한 삶이 많은 것을 내게 불러 모으고 있다. '얻어 먹겠다'는 결정으로 나의 먹거리들이 알아서 나를 찾아오는 것이다.

....

산촌에서 새로 알게 된 사람들이 나에 대해 자신들의 생각을 다양하게 표현한다. 그런 표현들에 재미있다는 느낌을 주는 것이 많다. 어떤 시각으로 보면 불쾌할 수도, 황당할 수도 있다. 하지만 사람은 다른 사람을 제대로 이해할 수가 없다. 생각이 다르고, 세상을 바라보는 시각도 다르고, 아는 지식도, 경험치도 다르기 때문이다. 사람은 자신이 경험한 것을 기반으로 사람과 사물에 대해 짐작한다. 그러니 도시에서만 살아온 나를 산촌에서만 살아온 사람들이 알 수는 없고, 나도 그들을 제대로 알 수가 없다.

고대 벽화나 전설들에 보면 카펫을 타고 하늘을 날아다니는 사람들, 공중에서 불을 뿜으며 전투를 하는 사람들의 그림들이나 이야기들이 있다. 이런 것을 혹자는 외계인을 묘사한 것이라 한다. 사람은 자신이 아는 범위에서 생각하고 그 정도만을 알아볼 수 있기 때문이다. 예전에 동시대 비슷한 배경을 가진 사람들의 생각이 비슷하다는 전제하에, 서로 많은 것을 공유하고 있다는 전제하에 한 대화들. 대화를 통해 소통이 되고 있다는 생각, 그것은 화자인 내 생각의 오류였음이 분명하다.

문화의 차이, 라이프 스타일의 차이, 사고방식의 차이가 확연히 드러나는 산촌에 오니 지금의 사회가 소통이 잘 될 수가 없음을 확실히 알겠다. 그래서 소통하고자 하는 마음도 버리게 되었다.

....

5 일장이 열리던 어느 봄날, 버스에서 마을의 75세 어른을 만났다. 75세라도 요즈음은 할머니라 부르면 실례가 된다. 아

주머니라고들 부른다. 60대의 할머니와 70대의 할머니 둘이 서로 아줌마에 준하는 호칭을 쓰는 것도 재미있는 현상이다.

그 아주머니와 버스에서 내려 장을 향하여 길을 걸었다. 그 아주머니가 걸음을 멈추고 한참 뒤를 돌아다 보신다. 왜 그러시냐는 질문에 "옷이 예뻐서." 란다. 지나간 젊은 아주머니가 오렌지색 점퍼를 입었었는데 그 옷이 예쁘단다. 입고 싶으세요라는 질문에 그렇다는 대답이다.

봄이라 화려한 색의 옷이 예뻐 보인다는 할머니는 얼마 후에 만나니 그런 화려한 점퍼를 입었다. 이러한 복장에 대한 생각은 어디에 가나 볼 수 있다. 자신에게 어울리는 옷이 아니라 예쁜 옷을 입어야 한다는 생각. 또 비싼 옷을 입고 과시해야 한다는 의식. 마을 할머니는 옷값을 말하며 자신의 딸이 사주었다고 자랑한다. 동갑의 다른 할머니 보다 주름이 훨씬 많은 할머니, 검게 탄 얼굴과 화려한 색깔의 점퍼는 부조화의 절정으로 내게는 보였다.

상당한 수의 사람들이 입은 옷으로 자신을 돋보이게 하는 것이 아니라 멋진 옷이나 값비싼 옷을 입고 자신이 입은 것들을 돋보이게 하는 마네킹이 되고자 한다. 쇼윈도우에 진열을 위해, 고

객들의 구매 욕구를 자극하기 위한 마네킹. 멋진 옷을 입고 명품 핸드백을 들고 구두를 신고 거리를 활보하는 마네킹이 된 사람들. 자신이 걸친 것들을 돋보이는 역할을 하는 마네킹, 그렇게 사람들은 자신의 존재감과 자신감을 잃어가는 것이라 본다.

비싼 가격의 물건, 또 명품에 사람들이 집중하는 것은 자신이 속한 집단을 과시하기 위한 것일 수도 있다. 또한 다른 사람들보다 자신이 우위에 있음을 나타내기도 한다. 우리는 자신이 소속한 집단에서 항상 친구나 동료들과 비교하며 자신의 사회적 지위를 인지하려 든다. 점수를 매기고, 자신의 존재감을 느끼는 것이다.

우리네들이 흔히 하는 기본적인 생각의 오류, 본말本末의 전도이다.

새로운 존재양식

나의 새로운 존재양식, '사서 먹는 존재'에서 '얻어 먹는 존재'로의 전환이다. 얻어서 먹는다는 것은 절대적인 겸허로 다가가는 길인 것 같다. 나의 자세가 겸손해지고 있음을 느낀다. 주어지는 대로 생존한다는 것, 필요에 따라 채워진다는 것, 엄청난 감동이다.

산에서 먹거리를 만나도 싹쓸이 하듯이 채취를 하지 않게 한다. 그저 자신이 먹을 만큼만 채취하게 한다. 그리고 매 끼니 음식을 먹으면서 감동까지 먹게 된다. 늘 넘치게 먹거리가 내게 놓여지기 때문이다.

소유가 없어도 되니 몸과 마음이 가벼워진다. 생존을 위해 열심히 일을 해야 한다는 의식이 사라지니 그 자리에 남는 것은 즐기는 것이다. 누리는 것이다. 신비로운 경험이다.

의존하는 모든 것을 버려가는 독립적인 존재양식! 가히 혁명적이라 하겠다.

....

바람이 세게 불기도 하고 나뭇가지가 전혀 흔들리지 않을 때도 있다. 우리가 미처 알아차리지 못하지만 꾸준하게 우리 주위에서 일어나는 작용과 변화들, 우리의 삶을 구성하는 수많은 요소의 작용과 변화들, 몸을 유지하나 미처 모르는 수많은 시스템의 작용과 변화들. 그런 작용과 변화들에 나는 겸허함으로 나를 내려 놓았다. 그들을 모르니 내가 무엇을 어찌 할 것인가. 지금의 나를 이룬 그 모든 요소들에 고마움을 표할 뿐이다. 그런 내가 겪는 것은 흰 머리가 검게 변해 가고, 나의 몸이 점점 건강해 지고, 내게 깃들었던 병도 사라져 간다는 것이다. 나는 몸도 마음도 유연해 지고, 나와 사람들, 그리고 세상을 점점 이해해 간다는 것이다.

• • • • • • • • • •

자신의 존엄은 자신이 지키는 것이다. 무엇에 의존해서 만들어지는 것이 아니다. 자신이 스스로 자신의 존귀함을 느껴야 지켜지는 것이다.

소중한 나, 위대한 인간인 나, 그런 나의 존엄성! 누가 마련해 준 것이 아니다. 스스로 그러한 의식으로 행동하는 것이다. 저절로 그에 반하는 행동을 조심하고 경계하게 된다. 습관적으로 나온 행동도 뒤미처 알아차리고 교정하는 것이다. 그러면서 점점 겸허한 인간, 늘 경외감을 가진 인간, 한가로이 주어진 삶을 누리며 자신만의 아름다운 꽃을 피워내는 인간이 되어가는 것이다. 그 무엇을 넘어 3차원을 자유로이 날아다니는 나비와 같은 삶을 사는 인간이 되어가는 것이라 확신한다. 그야말로 지상의 신선으로 살 수 있는 것이라 확신한다.

스스로 자신이 행복한 존재임을 결정했을 때 이르는 것이 진정한 행복이고 만족이다. 어떤 조건에 의해 행복함을 느끼면 그 조건이 사라지면 행복은 없어지게 된다. 또 조건이 여전히 있다 하더라도 경쟁의식이 있으면 조건이 상향 조정되어 만족감도 행복도 사라지고 결핍감만 남게 된다.

많은 사람들이 스스로 행복하고 만족스러운 삶을 살았으면 좋겠다. 그러면 세상이 더욱 환해지니 말이다. 내가 환한 세상에서 살고 싶다는 이기적인 생각을 한다. 괴롭다면서 같은 존재양식을 고집스레 움켜잡고 있는 사람들을 보면 나도 괴롭기 때문이다. 고집스러운 태도는 자신이 최고이고 옳다는 생각에 잠겨있기 때문이다. 이 꼴은 캄캄한 시골 밤 거리를 짙은 검정 선글라스를 끼고 걷는 것과 같다고 본다. 이것이 바로 어리석음이다. 무명無明에 잠긴 삶이다.

뭘 그리 힘든 생각, 불편한 생각을 하고 사는가. 그저 행복하다고 여기고 주어진 것들을 누리며 만족하며 살면 될 것을 말이다. 그래서 세상에 전한다 나의 행복한 삶과 나의 존재양식을.

....

'얻어 먹는다'는 것은 동냥을 한다는 말이 아니다. 자신을 낮추면서 나눔의 중심에 들어서는 것을 뜻한다. 얻기 이전에 자신을 내어주는 행위이다. 자연은 그의 품을 파고 들며 자신을 즐겨주는 대가로 자신이 키워낸 많은 것을 내어준다. 자연에서 우리는 먹거리만 얻는 것이 아니다. 먹거리를 채집하는 동안 숲의 맑은 정기를 우리는 마실 수 있다. 많은 식물이 내어주는 에너지를 가슴 가득 받을 수 있다. 그런 자연에 내어놓는 우리의 고마움이 나눔이 되는 것이다.

주변의 사람들끼리 차고 넘치는 것을 서로 나눈다. 그것을 '베품'의 행위가 아닌 '얻음'으로 여기는 것에는 커다란 고마움이 따른다. 그런 나눔이 잘 되지 않는 것은 이상한 자존심이라는 생각의 개입이다. 거기에다 인간의 부족함으로 잘남을 표현하고픈 욕구의 발현으로 베푸는 자가 되고 싶기 때문이다.

가끔 주는 대로 잘 받는 내게 그야말로 이상한 것이 올 때도 있다. 맛이 없어서 자신은 먹지 않는 것을 주기도 한다. 내가 거지가 아닌 데도 말이다. 거기다 맛있는 것을 엄청 밝히는 나인데… 이럴 때 기분이 좀 찝찝하기도 하다. 나는 스스로 훌륭한 사람이라 생각하기에 자존심까지 상하지는 않는다. 그런 나는 존귀한 존재이기에 먹을 수 있는 먹거리는 버리지 않는다. 나름 색다름으로 내게 있는 식재료와 함께 창의적인 음 식을 만든다. 그러면서 나 스스로에게 만족한다. 그렇다고 이런 일이 잦은 것이 아니니 오해말기 바란다. 의도적으로 자신이 먹기 싫어서 주는 사람과는 나눔이라는 행위를 하지 않으니 말이다.

자연에서 배운다

자연의 품에서 많은 생명체들과 같이 살면서 그들에게서 늘 무엇인가를 배운다. 또 그들의 격려도 받는다. 그러한 예로 이야기 몇 개를 소개한다. 뒤에 나오는 즐거운 일상에서도 그런 예는 볼 수 있을 것이다.

• • • • • • • • • •

봄에 마을의 한 산에 오르기 위하여 길을 나섰다. 마을 사람이 산 입구에서 지름길이 있다고 알려준다. 다니던 산길을 벗어나 희미한 누군가의 발자취를 따라 옆으로 샜다. 발자취는 어느 순간 사라졌고 나는 산을 헤매기 시작했다. 휴대폰도 연결되지 않는다. 취의 군락지를 만났으나 헤매기를 한참 한 뒤라 겁이 나서 채취를 못 했다. 간이 콩알만 만 해졌기 때문이다. 이럴 때 숨을 깊게 쉬고 마음을 가다듬어야 한다. 겁이나 서둘수록 내가 뭔 짓을 할지 모르기 때문이다.

주변을 살피기 위하여 높은 곳을 향하려 했으나 가시덤불에 갇혔다. 찾아가는 곳마다 가시나무가 그득한 곳이다. 그래도 막무가내로 거침없이 다니다 두 시간 만에 산에서 내려가는 길을 찾았다.

산을 헤매면서 으름나무의 꽃 향기에 잔뜩 취했다. 헤매는 후반부에는 사실 그럴 여유도 잃었다. 그러면서 또 한 수 나는 산에서 배웠다. 실패와 두려움을 통해 나의 부족한 부분과 무모함을 다시 깨우쳤다. 그리고 산을 오르는 길에 대한 이해가 조금 더 생겼다. 거기에다 숲이 우리에게 얼마나 많은 것을 주는 지를 더욱 알아차렸다. 취와 두릅이, 고사리와 많은 산나물이 무리를 지어 여기저기에서 자라는 것을 알게 되었다. 그리고 그토록 내가 먹어보고 싶은 다래나무들이 모여 있는 곳도 알게 되었다. 다래를 먹어 볼 수 있기를 소망해 본다. 그러면서 우리가 소망을 가진다면 그것을 이룰 수 있는 현실이 다가온다는 사실도 다시 깨우쳤다.

두려움, 나를 얼마나 초라하게 하는지를 다시 집어 들었다. 두려움에 함몰되면 우리는 아무것도 할 수가 없다. 누구에게나 두려움은 있는 것, 느끼는 순간 그 느낌에서 벗어나 해결책을 찾아야 하고 해결할 수 있음도 믿어야 함을 다시 챙겼다.

··········

아침 안개가 자욱해 창문을 통해 산이 하나도 보이지 않을 때가 있다. 하지만 실재의 세상에는 산이 여전히 겹겹이 포개져 있다. 창문 하나로 보이는 세상의 풍경은 늘 변한다. 흐린 날, 앞의 산은 보이고 멀리 보이던 산은 사라진다. 눈이 오고 비가 오고 그런 날, 산의 여기저기가 분화구처럼 구름을 뿜어낸다. 해질 녘이나 아침 등 시간대에 따라, 날씨의 맑고 흐림의 정도에 따라, 비가 오고 눈이 오는 정도에 따라, 바람이 부는 방향에 따라, 등등 늘 보이는 모습은 변한다.

우리의 눈에는 매 순간 달라 보이지만 그 실재의 모습은 같은 것이다. 진실을 모른다면 이렇게 보이는 상태에 따라 세상을 이해할 것이다. 그러니 우리는 있는 그대로의 모습을 볼 줄 알아야 한다. 그러기 위해서 우리는 구름이 무엇인지, 태양이 어디에서 뜨고 어디에서 지는지, 비와 눈이 무엇인지, 동지를 막 지난 때 태양이 점점 빠르게 우리와 왜 가까워지는지, 달이 무엇인지, 등등에 대한 지식이 있어야 한다. 삶도 그러하지 않겠는가.

천체가 지구 주위를 돈다고 생각했을 때 이해했던 세상, 지금은 지구가 태양의 주위를 돌고 달이 지구를 돌고 있음을 이해한 세상, 분명히 다를 것이다. 정확한 진실이 우리를 가렸던 모호함을 벗겨내고 명료한 세상을 알려준다.

산촌에서 창 밖을 내다보면서, 매 순간 다른 모습을 보면서,

나는 있는 그대로의 세상을 봐야 함을 챙겨 든다.

··········

겨울 어느 날 나는 난로 앞에 비스듬히 누운 자세로 창 밖을 내다보며 주로 멍 때리고 있었다. 아무 것도 안 하고 지낼 수 있음에, 매 끼니 밥을 하지 않아도 먹을 것들이 있음에, 여전히 먹고 싶은 것이 많음에, 난로의 후끈한 열기에, 장작 몇 개의 위력을 느낄 수 있음에 고마워 하며 지냈다.

오전 난로 앞에서 소설을 보며 한가로움을 즐기는 데 무엇인가 나의 창문과 '쿵'하며 충돌을 했다. 마당에 나가보니 새가 떨어져 있었다. 머리를 강하게 유리창에 박은 새는 즉사를 했나 보다. 하긴 그렇다. 작은 새가 '쿵' 소리를 크게 냈으니 그 충격이 뇌진탕을 일으키기 충분했을 것이다. 그 새는 참새와 비슷한 모습에다 크기도 비슷하다. 그런데 목과 머리에 노란 테두리를 둘렀다.

내가 지금 사는 집은 전에 마루가 밖에 그대로 노출되었었다. 열린 공간이었던 곳을 막아 유리창문을 달은 내가 죄인이다. 유리창에 서툰 산골의 새에게 공간의 달라짐을 미처 모르고 날게 했으니 말이다. 하지만 내 행위로 그런 결과가 발생될

지 몰랐으니 미필적고의[4]는 아니다. 그래도 미안하고 슬프다.

살아있어서 생명체이다. 그런 존재, 세상을 훨훨 날던 새를 움직일 수 없는 존재로 만들었다. 어째 이런 일이 생기는지 예상치 못한 일에 마음이 아직도 먹먹하다.

낯선 산촌이라는 환경에서 삶의 방식, 나의 존재 방식을 새로이 만들면서 만난 새의 죽음에 깊은 애도의 마음을 전한다. 고의가 아니었음도 전한다. 나만의 삶만을 생각했음을, 폭 넓게 나와 같은 공간을 즐기는 생명체에 대한 생각도 필요함을 챙기게 해준 고마움도 전한다.

··········

낯선 곳에서 만난 낯선 사람들, 낯선 문화. 기존의 이해 체계로는 잘 이해가 되지 않는다. 굳이 이해라는 단계를 거칠 필요가 없다. 낯선 사람들의 낯선 문화를 받아들여 따라 해본다. 그런 나를 평가하고 대하는 사람들의 언행이 때로는 불쾌함을 줄 때도 있다. 하지만 서로 낯설고 이해가 되지 않으니 서로 이상하다고 여기는 것이다. 그러니 불쾌한 느낌을 가질 이유가 없다.

사람들은 모르는 물체를 보면 이리저리 돌려도 보고 흔들어도 본다. 굴려도 보고 때려도 보고 말이다. 이것이 어찌 물체에만 해당 되겠는가. 자신이 알 수 없는 이해 밖의 대상에는 다 적용이 되는 것이다. 그들이 마구 흔들다 제 자리에 두는 것은 아니다. 모르면 "에라 모르겠다."며 휙 던져버린다. 그것을 철저히 이해하고, 내가 나를 지켜내야 한다. 그리고 사람들을 굳이 봐야 한다는 생각을 가질 필요가 없다. 물이 흐르듯 자연스레 다가온 사람들도 흘러가게 하고, 머물게 하지 않으며 살아야 함을 다시 챙긴다.

··········

꽃밭을 만들었다. 난생 처음 보는 야생초 10여 종을 얻어다 심었다. 그들 대부분은 다육식물이다. 산 속 어디에선가 목마름에 자신의 세포조직을 진화시켜 비를 만나면 물을 스스로 잔뜩 저장해 자신을 지켜온 그들. 저절로 경외감이 생긴다. 모든 생명체는 환경에 맞추어 자신을 조정하고, 능력을 개발하며 자신을 지키고 키우는 것임을 다시 확인한다.

꽃밭을 하나 꾸미려 해도 그 꽃밭이 땅속에 무엇을 품고 있는지 알아야 한다. 싹이 나면 그들이 누구인지 알아봐야 한다. 그래야 그곳에 남길 것인지 아닌지를 결정할 수 있다. 삶을 제대로 살려면 삶이 무엇인지 이해해야 한다. 주변의 환경을 이해해야 한다. 자신을 품고 있는 세상을 이해해야 한다. 그러한 이해와 지식은 학교 교육을 넘는 것이다. 하지만 많은 사람들이 대학을 나오고 직장에 다니면서 자신들이 세상을 다 안다는 듯 착각을 한다.

요즈음 인터넷으로 많은 사람들이 표현의 자유를 누리고 있다. 비판자로서 세상의 모든 것을 날카롭게 분석하고 비판한다. 하지만 비판자가 비판을 받는 당사자라면 과연 잘 했을까? 일을 직접 해 보고, 상황을 다양하게 만나본 사람, 경험이 많은 사람이 일을 잘 하리라. 최고의 무술비급을 획득해도 그것을 이해하고, 익히고, 실전에 적용해 보고, 그러면서 자신의 것으로 만들 수 있다고 본다. 누구나 다 익히 알고 있는 사실이다. 하지만 현실은 그렇게 진행되지 않으니 안타깝다. 푸르름에 싸여 그것을 즐기며 푸르름을 만드는 식물들에게서 배우며 고요한 평화를 즐길 수 있는 나의 삶에 고맙다.

• • • • • • • • • •

사람들은 먹고 살려고 돈을 번다. 자신의 생존을 유지하기 위해서 일을 하며 산다는 말이다. 자신의 아이들을 양육하기 위한 것도 당연히 그에 포함된다. 그러다 우리는 이제 삶의 수

준이 올라섰다. '먹고 산다'는 것은 잘 먹고 산다는 것으로 바뀌었다. 그러다 멋진 음식을 먹고, 멋진 옷을 입고, 멋져 보이는 사람들과 사귀고, 멋진 공간에서 살기를 원한다. 그리고 그런 삶이 자신의 안전을 책임진다고 느낀다.

안전하다는 것, 그것은 자신이 누리는 삶을 잃지 않을 것이라는 생각이리라. 그 안전지대에 자신은 힘들여 올라왔다고 생각한다. 자신이 스펙을 완벽히 갖추었다면 안전지대 진입이 더욱 쉬웠을 것이라 생각한다. 그런 생각이 자식들의 스펙을 만들어 주는 일에 자신의 열정을 쏟아 붓는다.

잘 먹고 잘 살면서도 지루한 삶, 권태로운 삶을 사는 공허한 사람들, 자신의 힘이라 느끼는 것을 휘두르고 싶어 한다. 그런 사람들의 욕구를 만족시키며 돈을 버는 사람들도 있다. 쉽게 가질 수 없는 고가의 브랜드를 만들어 내고, 그것을 소유함으로써 희열을 느끼고 우월감을 느끼게 한다. 이러한 우월의식은 추종자가 있기에 가능하다. 자신의 삶에서 결핍감을 느끼는 사람들, 우월의식에 차 있는 사람들에 의존하여 자신도 그런 존재가 되려 한다.

인간은 먹어야 산다. 생존한 우리는 삶을 유지하기 위해, 먹고 살기 위해 돈을 번다. 하지만 꼭 돈을 벌어야 산다는 생각, 과연 맞는 것인가.

자신의 삶에 남의 시선이 필요한 것인가. 우리 인류가 살면서 만들어낸 설정들, '이래야 한다는 생각' 멋있어야 한다는 생각을 벗어나고 사는 삶이 있다. 원래 인류가 이런 인위적인 발달을 하기 전에 살았던 삶의 형태가 있다.

자연에서 먹을 것을 채집하고, 자신이 스스로 먹을 것을 농작하고, 자신이 거처하는 공간을 만들고 보수하고, 그렇게 살던 삶이 있다. 생명체를 가까이 접하면서 알게 되는 생명의 신비로움, 그들의 가르침. 이것이 진정 멋있는 삶이라 확신한다. 한 방향을 바라보고 삶의 형태가 설정된 인간의 한계적 시각을 벗어나 자유로운 삶이라 확신한다. 여유로움과 한가로움으로 철 따라 먹으며 나비들과 노닐기도 하는 맛, 경험하지 않으면 알 수 없으리라. 이런 맛을 즐기는 것은 돈을 벌지 않아도, 돈의 소유를 떠나서 있음을 알린다.

사업을 하다 실패할 위험도, 직장에서 잘릴 위험도 없다. 사람들이 일반적으로 원하는 '철밥통'이다, 여기저기 눈치 볼 필요도 없이 자연에서 홀로 오뚝 서서 사는 삶, 무엇에도 구애받지 않는 삶으로 진정 안전한 삶임도 알린다. 돈을 벌어야 할 이유를 버린 삶으로 진정 자유로운 삶임도 알린다.

•••

나는 누구보다 행복하고,

그에 대해 남의 인정이 필요한 것도 아니다.

대부분의 사람들이 보는 곳만 보고

그것이 전부라 생각하니 말이다.

03 일상의 즐거움

있는 그대로 있음으로, 빛이 쬐는 대로 받아들임으로, 물을 주어지는 대로 빨아들임으로, 땅이 내어주는 대로 양분을 자신의 영양소로 받아들임으로, 자신을 키워내는 식물들이 나는 좋다. 그들이 주는 사랑을 느낌으로써 나는 행복하다. 그들이 알려주는 삶의 지혜를 이해해 가며 나는 기쁘다.

기적으로 찾은 산촌의 집으로 2013년 10월에 이사를 했다. 마을은 처음부터 '내가 드디어 귀소歸巢를 했구나' 라는 느낌을 주었다. 일상이 즐거움과 기쁨 그 자체가 되었고, 태어나 처음 만난 환경은 신나는 경험을 하게 해 주었다. 매일 저녁 아궁이에서 장작을 때는 불장난, 재미있는 일이었다. 수십 년 아파트 생활로 잊은 온돌 시스템에서 많은 감동을 받았다. 아늑한 집, 지은 지 100년이 다 되어간다는 집의 구들장이 얼마나 고마운지 감격스러웠다. 따스함이 흐르고, 아궁이 하나로 작은 집이지만 난방이 다 해결된다는 것이 신기하기 짝이 없었다.

이사한 날부터 저녁이 되면 아궁이 가득 장작을 땠다. 그러면 밤새 따스하게 자고, 그 다음날에도 방이 따끈하다. 심지어 윗방도 따스하다. 그리고 하루 종일 뜨거운 물을 쓸 수 있다.

그림의 흰 부분이 원래 집이었으리라. 아궁이 있는 곳과 부엌이 분리 되어있으나 예전에는 그 둘이 합쳐져 부엌이었을 것이다.

아궁이에 땐 나무가 온수보일러의 물을 덥혀서 그런 것이다. 저녁마다 불장난도 재미있고, 밭에 남은 옥수수대와 낙엽 및 각종 밭의 처리해야 할 것들이 모두 내 불장난의 불쏘시개로 사용되었다. 그것도 내 일과의 재미가 되었다. 이런 우리의 전래 아궁이와 구들이 거의 사라진다는 것이 너무 아쉽다. 구들을 잘 놓는 기술이 매우 중요 할 것 같다. 내 방의 온기가 오래 지속되고 윗방까지 더우니 말이다. 100년 전의 구들장이어서 그런지, 잠을 잘 때 방이 점점 식는 것이 아니라 점점 뜨거워지고, 아침까지 전혀 식지가 않으니 말이다.

우리는 요즈음 발전한 사회라고 생각하고 모두 한 방향만 보고 사는 것 같다. 많은 사람이 손에 물도 안 묻히고 사는 것, 육체노동을 안 하는 것 등이 잘 사는 것이라고 생각한다. 움직임이 부족한 몸을 위하여 따로 운동을 해야 하고,

비싼 것을 귀하다고 여기고 그런 것을 소유하려 든다. 가끔 서울의 옛 지인과 통화를 하다 보면 나를 불우한 사람이라고 여기는 것을 느끼게 된다. 하지만 나는 누구보다 행복하고, 그에 대해 남의 인정이 필요한 것도 아니다. 대부분의 사람들이 보는 곳만 보고 그것이 전부라 생각하니 말이다.

내가 지향하는 삶, 흔한 삶은 아니다. 그 희소성 만으로 이미 가치 있는 것이다. 그리고 움직임이 부족했던 내 몸을 위하여 많은 일거리와 놀거리, 할거리를 찾은 것만으로도 나는 성공했고, 행복하다. 그런 기쁨으로 어느 날부터 일기를 쓰게 되었다. 기쁨으로 사는 내게 산촌은 더욱 살기 편한 집을 마련해 주어 2014년 12월에 이사를 했다. 그런 나의 즐거운 일상의 기록 일부를 소개한다.

2014년 3월 27일 목요일

겨우내 밭과 마당에 있는 농작물의 사체와 낙엽들을 긁어서 태웠다. 그랬어도 아직 전혀 손이 미치지 못한 곳이 있어 집 뒤편의 정리에 비로서 나섰다. 그러다 호박덩굴이 겹겹이 쌓인 곳에서 부추밭과 달래밭을 만났다.

지나간 시절의 흔적들을 걷어내고, 그것을 태우고, 풀을 뽑았다. 켜켜이 쌓인 호박덩굴 속에서 자신의 생명을 키워낸 부추와 달래들이 감동으로 다가왔다.

나의 집이 내게는 넓고, 본격적인 시골집을 몰라서 점진적 적응을 하고 사는 나. 내게 주어진 공간을 하나씩 파악하며 활동영역을 확장하고 있다. 아직도 온전히 나의 것으로 하지 못한 공간이 여전히 남아 있다. 넓은 밭과 3 개의 방 같은 공간이다.

방 같은 공간은 전에 아마 별채의 방으로 사용되었던 것 같다. 나의 마을에 있는 옛날에 지은 집들을 보면 다 별채같이 이런 방들이 있다. 그런데 이 방들이 먼지와 거미줄, 지저분한 것들로 차 있다. 일부 쓰레기는 치웠지만 아직 온전히 다 치우지는 못했다. 전에 살던 사람들은 공간이 넘치니 쓰레기나 안 쓰는 물건들을 그저 훨훨 그 안에 던져 놓고 살았던 것이다. 치우면서 내가 쓸만한 것들은 챙기기도 한다. 의외의 것을 만나면서 기쁠 때도 있다. 그런데 아직 다 챙겨보지를 못했다. 먼지가 내게 감당이 안 되어서이다.

있는 줄도 모르던 부추밭의 부추, 달래밭의 달래가 준 생명력에 대한 경외감, 내가 먹을 것을 지나치다 할 정도로 많이 만나게 된 나의 집. 보물창고 같이 여겨진다. 얻어 먹고 살겠다는 내게 자연과 집, 사람들과 밭이 지나칠 정도로 많은 것을 내어준다.

어제 밤에는 전 날 제사를 지낸 사람이 찾아왔다. 마을 사람의 눈을 피해 내게 자신이 만든 두부 한 모와, 떡을 가지고 온 것이다. 여기는 명절과 제사에 집에서 두부를 직접 만들고 대부분은 떡도 한다. 그래서 제사를 지내고 내게 선물을 한 것이다.

지난 일요일에 얻은 무와 달래도 아직 내게 많이 남아 있다. 생기는 먹거리를 따라가며 먹기에도 벅차다. 사람이 먹어야 얼마나 먹겠는가. 집 앞의 골짜기에 쑥이 제법 먹을 만 하다. 더 크기 전에 쑥국을 끓여 먹어야지 하면서도 먹을게 넘치니 미처 먹지를 못했다.

TV에 보니 매화꽃 축제가 벌어지고, 개나리가 만개한 것 같다. 하지만 여기 산촌은 이제 개나리 꽃 봉오리가 보이고, 매화가 피어나기 시작했다. 생강나무 꽃들이 화려하게 여기저기에서 봄의 축제가 시작되었음을 알린다. 2월부터 시작된 봄, 하지만 산촌의 봄은 더욱 힘들게 오는 것 같다. 그래도 나의 정원 돌틈으로 옮겨 심은 개미나리들이 노랗게 꽃을 피움으로써 이제 나의 정원이 조금씩 정원다워지고 있다. 그리고 마당에는 수많은 떡잎들이 돋는다. 누가 누구인지 모르니 그저 지켜 본다.

2014년 4월 14일 월요일

오늘 나는 밭의 일부를 정리하고 옥수수를 심었다. 옥수수 옆에는 콩을 심을 예정으로 밭 두 고랑을 정리했다. 강낭콩은 전에 심었고, 옥수수 옆에는 줄기가 휘어 감고 올라가는 콩을 심으려 한다. 콩 줄기가 옥수수를 의지해서 커주었으면 하는 마음이다.

11시에 밖에 나가 밭을 정리하고, 점심을 먹고, 그리고 옥수수를 뜨거운 열기 속에서 심었다. 한낮 태양의 열기가 화끈거린다. 아침엔 아직도 서리가 내리는 정도다. 아침과 낮의 온도 차가 20도가 넘는다. 나비도, 벌도, 사람도, 농작물도 혼란스러울 것이다.

마을에서 일찍 콩을 심어 이미 싹이 난 밭의 콩은 얼었단다. 다행히 나의 밭에 뿌린 씨앗들은 아직 싹이 나지 않고 있다. 새싹이 서리에 얼어 죽는 불상사는 면하니 나의 게으름도 고맙다.

밭의 뒤에는 복숭아꽃이 만발하다. 바람에 분홍색의 꽃잎이 몇 개씩 떨어져 봄의 흥취를 돋군다. 복숭아꽃을 가까이 보니 꽃의 중심 부분은 분홍색이 짙다. 분홍색이 한 가지가 아니고, 촌스럽기 짝이 없는 색이나 그 촌스러움이 묘하게도 아름답다.

갈아 엎었던 밭의 땅 속에 묻힌 꽃다지[5], 몸통은 깊이 묻혀 있어도 작은 꽃은 지상으로 내밀고 노랗게 빛나고 있다. 잠이 쉽게 드는 사람을 흔히 머리를 베개에 대기만 해도 잠이 든다고 표현한다. 풀들을 보면 뿌리의 한 가닥이 땅에 닿기만 해도 자신의 생명을 유지한다. 살아있기에 자신의 삶에 최선을 다하는 풀들이 경이롭다.

밭에서 나의 놀이를 끝내고 나는 산을 향하여 집을 나섰다. 몇 번 가본 공동묘지를 지나 더욱 올라가 야트막한 산의 등성에 올랐다. 그러면서 고사리를 한 주먹 땄고, 취도 조금 땄다.

어떻게 해야 산에 오를 수 있는지 고심을 했는데 드디어 길이 난 산을 찾은 것이다. 위태롭지 않게 산에 올라 등성이를 타고 돌아다닐 수 있게 된 것이다. 고사리를 따고 취도 따면서 내일 본격적으로 산에 올라 탐색작업을 하련다.

이렇게 산촌에서 내가 여유롭게 놀 영역이 늘어나고 있다.

내일은 나의 집과 연결된 골짜기에서 두릅을 따고, 어제 찾아 놓은 커다란 달래를 캐어 나의 먹거리를 마련할 예정이다. 산에서 먹이를 찾는 나의 능력도 이렇게 점점 확장되고 있다.

2014년 4월 15일 화요일

나는 대부분의 날 오전 11시경까지는 TV와 PC를 동시에 보고 즐긴다. 오늘도 11시경 마당에 나와 나의 밭과 정원을 휘둘러 보며 뿌듯했다. 마음에 뭔가 가득 채워진 느낌으로 집 옆의 산골짜기에서 두릅을 땄다. 달래도 캤다. 나의 뒷마당에서 씀바귀도 캤다.

어제 딴 고사리는 데쳐 햇볕에 널고, 두릅을 데치고, 어제 채집한 취도 데쳤다. 두릅과 취, 달래와 씀바귀를 같이 넣고 고추장에 무쳤다. 고등어 한 토막도 굽고 마당의 테이블에서 점심을 먹으며 또 짜릿짜릿한 감동을 느꼈다.

나의 식사를 위하여 바로 채집한 나물을 모아 무쳐서 먹으니 나의 능력이 신장된 느낌이다. 맛있고 신선한 느낌이 물씬 나는 점심 식사를 끝내고는 어제 갔던 산을 향하여 간식까지 챙겨 집을 나섰다.

세 시간에 걸쳐 산을 걸으며 제법 고사리를 채집했고, 약간의 취를 뜯었다. 돌아오는 길 산기슭에서 커다란 달래를 만나 한 웅큼 캤다. 집에 와서는 쑥과 어린 부추로 전을 부쳤다. 향기와 맛이 행복한 하루였음을 느끼게 한다. 고사리를 데쳐 채반 가득 널어놓으니 자부심마저 그득해 진다.

나는 어떤 곳에 고사리가 있는지 이제 좀 파악할 수 있고, 취도 알아볼 수 있다. 내가 정말 대견하기 짝이 없다. 점점 새로운 삶의 기술이 늘어나고, 스스로 자신의 먹거리를 찾아내고, 조리해서 먹는 나. 이런 나는 요즈음 먹기 위해서 사는 것 같다. 먹거리를 만들어 즐거움으로 식사를 하고, 먹거리를 마련하는 기쁨이 하루의 대부분이다.

오늘로 지금 사는 산골에 이사온 지 6개월이 되었다. 오늘은 오는 전화도 없었고, 사람도 전혀 얼굴을 보지 못했다. 오롯이 자연만이 나와 같이 했다. 그런 나는 뿌듯함으로 가득 차 행복함으로 지금 하루를 마감한다.

2014년 4월 23일 수요일

오늘 오후 들깨씨를 심는 품삯 받는 일을 했다. 밭 주인은 새벽부터 밭을 만들고, 비닐을 씌우고, 점심을 먹은 후 나와 동네 할머니를 일군으로 불러 씨를 뿌렸다. 씨는 뿌리는 것이 아니라 비닐의 뚫린 구멍으로 들깨를 넣는다.

비닐 한 줄에는 구멍이 14개가 뚫려 있었다. 양쪽에서 7개의 구멍씩 맡아 한 골씩 씨를 채우면, 밭 주인인 남자는 모래를 그 위에 뿌려 씨를 덮었다. 쪼그리고 하는 일은 농촌에서 여자의 몫이라고 생각한다. 주인 여자를 포함한 여자 3이 4골로 나뉜 밭에 씨를 넣었고, 주인 남자는 모래로 덮었다. 그리고 그는 물을 뿌렸다.

나는 씨앗 심는 일을 끝내고는 주인 남자가 물 뿌리는 작업을 할 때 그를 도와 호스를 조절하는 일을 맡았다. 그가 밭을 돌면서 물을 뿌리게 호스를 보내주고, 또 호스를 끌어 당기는 일이었다. 그리고 두 여자는 차광막을 가지고 물이 뿌려진 밭을 덮고 고정시키는 일을 했다.

12시 30분에 시작된 일, 오후 2시에는 닭튀김이 새참으로 제공되었다. 오후 5시에 작업이 끝났다. 오늘 심은 들깨는 들깨가 목적이 아니라 잎만을 수확하는 것을 목적으로 한다. 그들이 자라면 잎을 따고 그것은 우리가 쌈 등으로 먹는 깻잎으로 유통된다.

지금 나의 밭에는 감자와 시금치의 싹이 자라고, 강낭콩 싹이

나고 있다. 옥수수 모종이 50주 자라고 밭의 땅 속에서는 많은 옥수수와 울타리콩, 토란 등이 아직 잠을 자고 있다. 그들이 잘 자라기를 바라는 마음으로 집에 돌아온 나는 밭에다 물을 줬다.

오늘 일한 집은 이달 초에도 반나절 일을 했었다. 반나절 두 번 일한 대가로 오늘 5만원을 받았다. 나의 노동력이 아직 쓰일 수 있다는 것도 신기하고, 이렇게 하나하나 농작물이 어떻게 심겨지고, 자라는지 알게 되는 학습과정을 돈 받고 하는 것도 신나는 일이다. 나의 지나간 도시에서의 인건비를 생각하거나 비교도 할 수 없는 것을 비교할 필요가 없다. 여전히 내가 생산적인 삶을 산다는 것이 중요하다. 그리고 도시에서는 삶을 유지하는 데 돈이 많이 든다. 하지만 산골에서의 삶을 유지하는 데에는 돈이 거의 들지 않는다. 돈에 대한 가치도 이제 다르게 가져야 한다.

일을 끝낸 나는 같이 일한 동네 할머니 댁에서 무 세 개와 나의 먹거리도 되고 꽃을 볼 수 있다는 풀을 한줌 얻어왔다. 나의 집에는 꽃밭도 밭도 있고, 또 여유로운 공간들이 많다. 번식력이 왕성하다는 그 풀이 나의 어정쩡한 공간에서 때론 먹거리를 제공하고, 잡초를 밀어내며 아름다운 꽃도 보여줄 것이다.

요즈음 나의 산기슭에는 싸리꽃이 화려하다. 그곳을 통해 들어가는 산을 오늘은 못 갔지만 요즈음 매일 약간의 취를 그곳에서 뜯었다. 가끔은 고사리를 뜯으러 다른 산에도 간다. 취와 고사리를 말리며 생각한다. 내가 진정 먹기 위해 산다고.

산촌에서 얻어먹고 살겠다는 나의 생각대로 잘 얻어먹고 살고 있음에 뿌듯하다. 자연은 나의 눈과 마음을 기쁨으로 채워준다. 먹거리도 준다. 새소리와 졸졸졸 흐르는 시냇물 소리, 각종 꽃의 아름다움과 향기. 오감이라는 감각을 깨우고 즐겁게 한다. 자연에서 한가로이 노니는 나비처럼 살아서 좋다. 나의 뜻대로 살아짐에, 자유로움과 한가로움이 내가 나비가 되었음을 느끼게 한다. 완전변태를 이룬 인간으로서의 자긍심으로 세외世外에서 사니 좋다.

2014년 4월 28일 월요일

어제 종일 비가 왔다. 오늘도 비가 온다. 비가 오니 가슴이 더욱 답답하다. 세월호 침몰 지역의 날씨도 안 좋기 때문이다. 비를 맞으며 풀을 뽑고, 방으로 들어와 TV를 켜서 구조 소식을 확인해도 변화가 없다. 이런 시간들, 지켜보기만 하는 나의 마음이 졸아드는데 가족들의 마음은 어떨까… 따뜻한 아랫목에

누워 잠을 자면서도 요즈음 미안한 마음이다. 그래도 잠을 자고 매 끼니 밥을 챙겨먹는다. 이게 인간이다. 이것이 생존이다.

어제 동네 아줌마에게서 오이와 호박 모종을 얻었다. 밭에 심으면서 보니 옥수수의 싹이 나고 있다. 내 밭의 감자와 강낭콩 잎이 실하게 난다. 그들에게서 강한 힘이 느껴진다. 밭에 씨를 뿌리고 꽃밭에 씨를 뿌리면서 새삼 알아차린 것이 있다. 씨앗에서 새싹을 내고 뿌리를 내리는 상태로의 변화, 이것도 환골탈태[6]라는 것이다. 새로운 존재로 변하기 위하여 씨앗은 땅속에서 상당한 시간을 보낸다. 자신의 존재감을 씨앗이 아니라 새로운 존재라는 존재감을 내면화하는 작업이 많은 시간을 요구하기 때문일 것이다.

사람들은 다 착하게 또 제대로 삶을 살고 싶어한다. 좋은 글들을 읽고, 말을 듣고, 또 그 좋음을 나눈다. 좋은 내용의 글과 말을 만난 순간 감동을 느낀다. 하지만 이런 것을 금방 잊는다. 이것은 그 의미를 자신의 것으로 만드는 과정, 내면화 작업을 해야 한다는 것을 미처 생각하지 못하기 때문이다.

밥을 먹어도 씹는 과정과 소화 과정을 거쳐야 우리에게 필요한 요소로 작용한다. 그렇게 씹어 먹고 소화하는 과정, 자신이 이해함으로써 자신에게 필요한 요소로 나누기도 하고 몸과 하나가 되게 하는 과정이 필요한 것이다. 그것이 내면화 과정이다.

오늘 아침 7시에 마을 아줌마의 전화다. 비 오는 아침에 나물을 뜯으러 가자고 한다. 챙겨줄 때 따라나서야 나를 또 챙길 것이니 부리나케 아침을 먹고 집을 나섰다. 촉촉한 비를 맞으며 고사리와 취를 뜯어왔다. 같이 간 아줌마는 배낭 하나를 거의 채우는 양을 뜯었지만, 내가 뜯은 나물은 작은 비닐 봉지 반 정도이다. 이것이 숙련된 사람과 아닌 사람의 차이이다.

축축하게 젖은 몸이 따스한 아랫목을 만나니 좋다. 그런 좋다는 느낌이 차가운 바다 속에 아직도 있는 세월호 희생자들과 그들을 수색하는 잠수자들에게 더욱 미안함을 솟구치게 한다.

안타까움 속에 미안함을 느끼기만 하는 나, 아무 것도 할 수 없다는 것에 대한 인식, 마음 속에 그들을 묻는다. 먼저 간 나의 가족들도 나의 마음 속에 묻었다. 나의 마음은 이제 공동묘지가 되어간다.

2014년 6월 14일 토요일

뜨거운 태양, 나의 호미에 의해 무너진 개미의 지하세계, 흩어지는 개미무리, 내 손길에 지상으로 올라온 풀 뿌리, 고무줄 같은 탄력성을 가진 풀 줄기의 신기함, 두뇌의 시냅시스[7]를 생각나게 하는 뒤엉킨 풀 뿌리들, 뽑힌 풀 뿌리와 함께 지상으로 나온 다양한 벌레들, 밭에서 엉뚱하게 만난 채송화, 나를 어지럽고 아찔하게 했다.

사람들이 모여 사는 사회는 거시세계[8]이고 밭에서 풀을 뽑으며 보는 세상은 미시세계[9]이다. 그 미시세계의 번잡함, 땅속에 가려졌던 일부 세계가 태양 아래 노출되자 그 세계의 존재들도 나도 황망스러웠다. 아주 작은 벌레의 움직임도 잘 보이는 내 눈에 감사함도 느낀다.

잡초들은 자신이 뽑힐 줄을 알기에 씨앗을 어마어마하게 만들고 세상에 뿜어낸다. 같은 씨앗들끼리 뭉쳐져 빽빽하게 난 풀들. 그들이 적당하게 종족번식을 한다면 이렇게 농작물을 보호하려는 인간과의 전쟁은 없어도 되는 것이 아닐까. 오글거리는 개미와 벌레들, 그들의 번식력도 마찬가지일 것이다. 우리 인간도 지나치게 번식하여 인구과잉의 지구를 만들었고, 우리가 살면서 배출하는 공해가 지구환경의 균형을 깼다. 지나침은 나의 풀 뽑기처럼 균형을 맞추려는 자연적인 제거작업을 불러오는 것이 아닐까. 중용이 중요할 것이다. 동식물과 인간의 종족보존에도 자연과의 균형 및 조화를 이루면서 되어야 할 것이다.

오늘로 집 앞의 풀 뽑기 작업이 끝났고, 집 뒤의 밭은 이미 대충 끝냈다. 옥수수와 울타리콩을 심은 밭의 풀만 뽑으면 일단락이 된다. 그 후에는 적당히 그들이 알아서 자라주기만을 바랄 뿐이다. 울타리콩은 흰색 꽃이 피었다. 강낭콩은 콩이 맺어져 잘 자라고 있다.

다른 집은 이미 오이를 따 먹고 고추도 딴다고 한다. 하지만 나의 밭은 비료를 일체 주지 않아서인지 성장이 좀 느린 것 같다. 내일은 뒤편의 밭에 어떤 변화가 있는지 세심히 살펴야겠다.

오늘 그 누구와도 대면하지 않고 밭이라는 세계, 동식물의 지하 미시세계에 빠져 새로운 재미를 가졌다.

2014년 6월 20일 금요일

한 주간이 시작되었나 했는데 어느덧 금요일 밤이다. 시간이 마치 폭포수의 물처럼 빠르기 짝이 없다. 산딸기가 익어가 길을 걸으며 간혹 따서 먹으니 빠르게 흘러가는 시간이 새삼 느껴진다.

비가 온다. 우비를 입고 풀을 뽑았으나 불편했다. 그런 나를 위하여 비는 다시 잦아들었다. 비옷을 벗어 던지고, 풀을 뽑고, 고추를 옮겨 심었다. 밭에 저절로 난 고추, 자리를 잡아주다 남는 고추를 잡초만이 자라고 있는 밭을 정리해 옮겼다. 우르릉 거리는 천둥 소리를 들으며 거칠게 풀과 씨름을 하며 마련된 공간에 작은 고추모도 버리지 않고 심었다. 다 살려고 태어난 생명이니 작더라도 소중하게 자리를 잡아주며 살아주기를 기대한다.

일을 끝낸 순간 다시 비가 내리기 시작했다. 흙투성이가 된 호미도, 장갑도, 우비도 씻고 내 몸도 씻고 밥을 먹었다. 왠지 맑게 정리된 듯 기분이 좋다. 비 내리는 날, 앞산은 안개에 젖어 아스라한 느낌을 준다. 밭의 촉촉함이 기다리던 만남을 드디어 가진 듯 즐거움을 전한다.

오늘 일과의 마지막으로 모처럼 아궁이에서 장작을 땠다. 오늘도 흐뭇하게 하루를 지냈다. 이렇게 무사안일하고도 단순하게 살 수 있다는 사실이 고맙다. 복잡하지 않은 생활. 자고, 먹고, 밭과 정원을 돌보고, 나 자신을 돌보고, 먹거리를 만들고, TV를 보고, 앞산을 쳐다보기도 하고 여기저기 꽃구경도 하고, 토마토가 익었나 살펴보기도 하고, 제법 커진 복숭아를 흐뭇하게 바라보기도 하고, 수없이 떨어지는 감이 되기를 포기한 뒤 다만 감들을 안타까움으로 쳐다보고, 자두가 익어가나 살피기도 하고, 오이가 맺혔을까 호박이 맺혔을까 들여다 보기도 하고, 매일 산책을 하고, 그렇게 나는 산다.

이런 삶이 있을 수 있다는 것을 몰랐건만 삶이 나를 이렇게 인도했다. 고맙다.

사람이 살아 있는 한 시간은 흘려 보내야 한다. 시간을 재미있게 흥미롭게 보낼 수 있으니 얼마나 좋은가. 풀을 뽑으며 만나는 색다른 벌레들, 세상이 얼마나 넓은지 잊지 않게 하니 좋다. 생명들의 소리와 모습, 다양한 삶의 형태, 늘 모르던 것을 알아간다. 그러니 나의 두뇌는 풀 뿌리의 촘촘히 얽힌 그물망처럼 늘 확장되며 청춘일 것이다.

2014년 6월 27일 금요일

오늘 땅콩에 노란 꽃이 피었다. 난생 처음 본 땅콩의 꽃, 뿌리 근처에 노란 색으로 예쁘게 피어났다. 밭 두 고랑에 많은 땅콩을 심었으나 단 열다섯 개가 살았고 그 중 두 개가 오늘 꽃을 피웠다.

꽃밭에 놓인 학에는 이름 모르는 수생식물이 자글자글 하다. 처음 만난 날부터 그랬다. 겨울의 얼음 속에서도 그들은 삶을 유지했고, 봄이 되어 생기를 찾더니 드디어 오늘 노란 꽃이 하나 피었다. 봄 가뭄에 물기가 거의 없을 때에도 그들은 자신을 지켜냈다. 무심한 내가 그들이 살아있는 지 몰랐기에 물을 주지 않았었다. 스스로 자신을 지켜내 반짝이는 잎들을 다시 돋아내고, 키를 부쩍 키우고, 학 전체를 채우고 있다. 그들의 인내에 경외감을 나는 새삼 느낀다.

어제에 하나가 또 피어나 둘이 되었던 선인장의 꽃, 오늘은 처음 폈던 선인장 꽃은 지고, 또 새로 하나의 꽃이 피어 여전히 화려한 꽃 두 송이가 선인장의 자태를 늠름하게 했다.

이제 여기저기에서 꽃들이 피어나고, 채송화도 그렇다. 해바라기 비슷한 노란 색의 꽃, 몇 가지 이름도 모르는 야생화의 꽃, 그 틈새를 비집고 꽃을 피우고 있는 괭이밥들. 괭이밥은 작아도 그 존재감은 대단하다.

익어가는 복숭아의 예쁨, 꽃의 화려함 못지않다. 산에 싸여 있는 나의 밭은 확 트여 종일 해를 받는 밭들 보다는 성장이 조금 느리다. 남들 따라가며 때를 알아가면 되겠다.

매일 새로운 것을 보거나 알아차리면서 살아가니 이 얼마

나 신나는 일인가. 이럴 때 할 수 있는 말이 불역낙호不亦樂乎[10]아. 절로 떠오른다

2014년 7월 6일 일요일

아침에 일어나니 봄비처럼 비가 촉촉히 내린다. 촉촉한 비를 즐기며 잠자리 옷차림 그대로 마당에 나가 꽃밭의 풀을 잠시 뽑았다. '촉촉함'을 바라보며 느끼는 것과 그 속에 들어가 느끼는 것은 다르다. 몸으로 촉촉함을 즐기며 정원을 거닐 수 있어 기쁘다.

아침을 많이 먹었더니 이제 겨우 오전 9시가 넘은 시각인데 나는 졸리다. 이제는 주룩주룩 비가 온다. 그 비 내리는 소리가 단조로움으로 졸음을 더욱 부른다. TV에서는 돈을 중심으로 도는 세상에서 벌어진 일, 서울시 의원이 살인을 했다는 등이 뉴스에 나오고 있다. 이제 우리 사회는 돌고 도는 돈으로 추락한 인간 품격의 노출이 거듭될 수 밖에 없다. 인간은 자신이 최고로 여기는 가치를 중심으로 돌 수 밖에 없기 때문이다. 가장 중요하다고 여기는 가치가 돈이라면 돈을 위해 무슨 짓이라도 할 수 밖에 없는 것이다.

우리는 이제 자신이 가지고 있는 가치가 무엇인지 돌아봐

야 할 때를 만나고 있다. 극왕해지면 모든 것이 다시 쇠해지기 마련이다. 돈의 극도로 왕성한 세력, 소유가 중요한 사회는 이제 한계에 이르렀다.

요즈음 나의 마을에는 도라지 꽃이 피어나 매일 꽃의 수가 늘어나고 있다. 보라색과 흰색 꽃, 훌쩍 키가 큰 도라지 밭에 어쩌다 한두 개 보이더니 이제 제법 꽃의 아름다움을 즐길 수 있게 되어간다. 그러면서 밭이 햇볕을 얼마나 받는가에 따른 차이를 도라지 꽃들이 알려준다. 제법 꽃이 핀 도라지 밭, 이제 꽃이 피기 시작한 밭, 자신에게 주어진 환경에 맞추어 성장하는 식물.

올 봄에 씨를 뿌린 나의 도라지는 여전히 땅과 가깝게 있다. 그래도 풀을 뽑다 잘못 뽑힌 도라지 뿌리가 형체는 도라지가 되어 있다. 앙증맞게 귀여운 도라지 뿌리가 그냥 놔두면 그래도 도라지가 되어갈 것이라는 믿음을 준다.

복숭아가 무르익어 무척 단 맛으로 요즈음 내 입을 즐겁게 한다. 나의 집을 잘 아는 마을 사람이 아직 익을 때가 멀었다고 해서 따 먹을 생각을 못했다. 하지만 새가 와서 쪼아 먹고, 썩기도 하며 땅이 복숭아를 먹고 있음을 뒤늦게 알았다.

어제는 복숭아 서른 개를 따서 앞집과 내가 걷기 운동을 하며 가는 윗마을 집에 선물을 했다. 그러다 보니 나는 새가 먹다 남은 것, 조금은 벌레가 먹고 썩어가는 것을 먹을 수 밖에 없다. 그것을 먹기도 바쁜 상황이 되었다. 조금만 일찍 복숭아가 익었다는 것을 알아차렸다면 더욱 많은 복숭아를 주변에 선물할 수 있었을 텐데. 이제는 내가 혼자 따기 힘든 위의 가지에 남은 것들만 있다.

참외와 오이가 맺히기는 했다. 파프리카와 고추도 맺히기는 했다. 느긋이 기다리는 일만 남았다. 강낭콩은 제법 많이 열렸고, 감자는 더욱 죽어간다. 남들은 이미 감자 수확을 했건만. 옥수수도 맺혀 옥수수 수염이 여기저기에서 보인다. 토마토는 매일 몇 개씩 따먹는다. 비트는 이미 다 컸으나 미처 내가 먹지를 못하고 있다. 상추도 미처 내가 먹지를 못하고 있다.

인간이 먹어야 얼마나 먹는가. 봄에 산 천 원어치 상추 모종이 자라니 먹기가 바쁘다. 인간이 아무리 비싼 음식을 먹어도, 호화로운 외식을 해도 얼마나 하겠는가. 인간이 자신을 위하여 돈을 쓸 수 있는 것도 한계가 있는 것이다. 하지만 돈을 쓰기 위해 시간을 보내며 돈을 더욱 요구하는 사람들의 행태.

모두가 다 돌이켜봐야 할 것이다.

경쟁도, 남의 시선도 내려놓으면 삶이 단순해진다. 자신을 위해 잘 먹고 마시며 여유롭게 살면서 삶을 즐길 수 있다. 인간의 품격을 유지하며 행복하고 스스로 만족할 수 있다. 소유가 아니라 느끼고 누리는 삶의 기쁨을 알고 삶의 진수를 알 수 있다. 인간의 왜곡된 생각들이 만들어낸 거짓된 세상이 아니라 진짜의 세상을 즐길 수 있다. 돌아보자 삶을! 큰 키를 자랑하며 바람에 흔들거리는 도라지꽃이 말한다.

배는 부르고, 여유롭게 커피를 즐기며, 주룩주룩 내리는 비소리를 느끼는 나. 밖의 나무들과 함께 주룩주룩 내리는 행복과 평화를 느낀다. 그런 나는 지금 지극히 행복하다. 그런 내게 TV는 세상의 소식을 알려주고, 인간의 소리도 들려주며, 나의 만족감을 더욱 부추긴다.

2014년 8월 14일 목요일

모처럼 어제와 오늘, 나 홀로 고요함을 즐긴다. '나홀로'라는 것은 내가 나와 나의 시간을 완벽하게 조절하고, 내가 나를 들여다 볼 수 있는 기회이다. 마루에 걸터앉아 책을 보며, 안정적으로 잘 가라앉아 있는 나를 볼 수 있어서 좋았다. 그러다 모처럼 지름이 7cm 정도 되는 나무를 톱질 해 몇 개의 장작을 마련했다. 땀을 빨빨 흘리면서 자른 나무로 아궁이에서 불을 지폈다. 불장난을 마음껏 할 수 있는 철이 다가옴에 다시 색다른 기대감도 든다.

이제 여생을 지낼 집의 형태와 크기가 내게 확실해 졌다. 그러니 어서 그런 집을 만들고 싶은 욕구가 꿈틀댄다. 아직 집을 빌린 기간이 3 년이나 남았으니 조급해 지는 마음을 내려놓고, 그런 집이 나를 찾아오기를 기다린다. 지금의 집이 홀연 나를 찾아왔듯이 나의 여생을 보낼 집도 찾아오리라고 나는 믿는다.

세상과 나의 삶이 나를 항상 최선의 방향으로 또한 최적의 방법으로 인도함을 믿는다. 나의 삶이 그러한 사실을 증거한다. 자신이 계획하고 '이래야 한다' 라고 결정할 필요가 없다. 자신이 그것을 고집할 필요가 없다. 우리 인간의 '앎' 이란 극히 제한적인 것이다. 창대한 세상의 일을 미약한 자신의 '앎' 으로 알 수 없는 것이기 때문이다. 자신의 내면과 세상이 소통하며 하는 인도하는 대로 자신을 내려 놓고 좇는 삶, 그것이 진정한 삶이라고 나는 확신한다.

내가 나의 주인이 되었다.
나를 품은 세상도 내가 주인이라는 확신이 든다.

나는 자유로움으로 충만하다.
몸과 마음이 가볍다.

세상을 훨훨 날고 있는 기분의 나.
매 순간은 소중하고 행복하다.

내게 필요하다고 여긴 것들이 스스로 나를 찾아 든다.
내가 필요한 것이라 미처 몰랐던 것들도 내게 필요한 것임을 알리며 다가온다.

세상과 소통하니 세상과 하나가 되었다.
그런 내게 외로움이란 이미 없다.

이런 생각이 나를 점령했다. 그런 나는 매일 기적 같은 사건들을 만난다. 어린 날 우주의 비밀을 알고 싶었던 나의 꿈이 실현되고 있다. 내가 알고 싶었던 우주의 비밀은 생명의 비밀,

삶의 비밀이었다. '모름'에서 '앎'으로 나아가면서 두려움도 벗어나고, 내가 원하던 내가 되어가는 기쁨! 풍요를 즐기며 누리며 나는 나의 삶에 지극히 만족한다.

하지만 그 길을 알고 내가 온 것은 아니다. 나의 꿈이, 나의 열망이 나를 그 길로 인도했다. 세상을 좇지 않고 나만의 길을 이탈하지 않게 최적의 방법으로 인도 했다. 고맙다, 나의 삶이여!

2014년 9월 11일 목요일

서울에서 나를 찾아오는 사람들, 어찌 이런 산골을 찾아냈는지 궁금해 한다. 나도 역시 그렇다. 내가 찾아낸 것이 아니기 때문이다. 거기에다 내게 어울리는 운치를 지닌 집이라는 사실에도 살고 있는 나나 방문객들이나 신기할 따름이다. 내가 구했기에 만나진 것이다. 이렇게 우리의 삶에서 구하면 얻게 되고, 찾으면 찾아지고, 두드리면 열리게 된다는 것을 나는 확신한다. 나의 삶이 증거한다.

어제는 저녁이 다가올 무렵 아궁이에서 불을 지폈다. 손님과의 식사를 위해 아궁이에서 좀 불이 탄 즈음, 굵지 않은 나무를 잘라서 준비해 놓은 바베큐 틀에 숯을 옮겼다. 내가 농사지은 감자를 은박지에 싸고 불 옆에 놓고, 그 위에 그릴을 얹고,

은박지를 깔고 새우를 올렸다. 굵은 소금을 솔솔 뿌리고 새우를 구웠다. 불장난과 함께 먹는 재미가 좋았다. 그러다 한쪽에 작은 냄비를 올려 밥을 하고, 된장찌개 뚝배기를 올려 보글보글 끓이고. 새우를 하나도 남김 없이 풍족하게 먹고 감자를 불에서 꺼내 먹고, 그 맛에 감탄하고. 그리고도 밥을 조금 떠서 보글거리는 된장찌개로 식사의 마지막을 장식했다.

이렇게 노는 옆에는 계속 풀을 태워서인지 모기도 달려들지 않았다. 뜯어놓은 풀을 태우는 불장난, 아궁이에서 장작불을 때는 불장난, 새우 바베큐를 하면서 한 불장난. 불장난이 뭔가 사람을 아늑하고 편안하고도 즐겁게 한다. 그런 즐거움을 숲에서 노인네가 만끽하고는 보름달이 휘영청 떠올라 있는 밤의 산골을 손님과 잠시 걸었다.

쇠락해 가는 풀잎들에서 가을을 느낀다. 한들거리는 코스모스에서 가을을 느낀다. 빨래줄에 앉은 잠자리에서 가을을 느낀다. 맑은 하늘의 구름들이 만들어낸 오묘한 이미지에서 가을을 느낀다. 그런 가을의 느낌들을 관통하며 흐르는 풀벌레의 소리들과 제법 커진 몸을 자랑하며 펄쩍 거리는 메뚜기들에서 가을을 본다.

내가 느끼는 가을에서 내가 키우는 결실들을 먼저 보고 느낀다. 내가 맺은 열매들이 무르익고, 향긋함을 풍기고, 그것을 먹는 사람들의 몸과 마음을 적시며 삶의 길을 찾게 하는 것을 나는 본다. 그런 가을이다.

2014년 9월 14일 일요일

환한 햇살의 오전, 나의 책 '실패예찬[11]'을 보고 있다. 그것도 감동에 젖어서. 햇살에 빛나는 나무들을 간혹 바라볼 수 있는 마루 끝에 걸터앉아 있다. 단풍나무를 올라 타고 앉은 칡의 잎이 미세하게 움직인다. 약간의 바람이 아직 채 이슬이 다 가시지 않은 공간을 흐르고 있는 것이다.

'실패예찬'을 보면서 내가 얼마나 대단한 존재인가 나는 스스로 느낀다. 산촌생활을 즐기는 내가, 이미 그토록 원하던 나비가 되었음을 알려주기 때문이다.

내가 대단하다는 것은 아주 작은 장애물도 자신을 넘어지게 할 수 있다는 그런 사실을 인정했다는 것이다. 자신이 그리 대단한 존재가 아니고, 그 누구도 그리 대단하지 않음을 이해함에서 비롯되는 것이다. 그럼으로써 우리는 미세함에 신경을 쓰고, 알아차리게 되는 것이다. 주변에서 '앎'을 위해 배움을 찾아내는 것이다. 그것으로 장애물을 잘 넘기도 하고, 넘어지면 일어나 또 앞으로 계속 나는 걸었다. 넘어진 상처가 아파도 참아냈다. 내 몸이 스스로 치유하고 자신을 강하게 할 시간이 필요함을 알기 때문이었다.

나는 나 자신의 경험을 믿고, 그 경험들이 알려준 지식을 믿기에 나의 인내심은 점점 굳건해 졌다. 그리고 지금은 산촌의 자연에서 삶에 대한 이해, 세상에 대한 이해, 모든 문제해결의 방안을 찾아낸다. "나는 눈만 뜨면 나의 꿈을 확인했고, 내가 얼마나 대단한 존재인지 얘기했다."라고 나는 '실패예찬'에서 말했다. 사실이 그러했다. 하지만 대부분의 사람들은 자신의 존재를 한 순간에 변화시키고자 한다. 외형적인 변화가 되었어도 자신이 늘 그것을 느끼고 변화된 존재에 맞는 의식으로 바뀌기 까지는 상당한 시간이 흘러야 된다. 그래서 사람들은 자신의 존재감을 쉽게 잃고 자주 우울감에 빠져 괴로움을 자초한다. 우리 인간은 3보 전진 2보 후퇴를 거듭하며 아주 조금씩 앞으로 나아갈 수 있는 그런 존재이다. 자신에 대한 기대마저 버릴 때 우리는 자신이라는 제한을 넘어 설 수 있다. 자신에 대한 지나친 기대는 자신을 지치게 하고, 학습의 기회, 연마의 기회를 앗아간다.

나는 내가 꿈꾸던 나비와 같은 존재, 이기利己 그 자체인 존재가 되었다. 나의 편안함과 행복, 신나는 즐거움과 기쁨 만을 나는 추구한다. 일체의 소유를 던지고 나비가 된 내게 소유란 부담스러운 짐일 뿐이다. 그저 매 순간의 삶을 즐길 뿐이다. 나의 나만을 위한 이기적인 행동으로 내가 좋아하는 사람들의 행동과 말을 관찰하면서 즐거움을 누린다. 말을 들으면서 하는 나의 날개짓에 그들이 무엇을 느끼는 지에는 관심이 없다. 나비가 꽃의 꿀을 빨듯이 나는 나의 먹이를 빨아먹고, 배부르고 행복할 뿐이다.

요즈음 맑은 하늘이 있어 나는 기쁠 뿐이다. "더 이상 잃을 것이 없다고 느낄 때 사람은 두려움에서 벗어나 깊은 내면에서 말해 주는 생각들을 행동으로 옮길 수 있는 축복의 기회를 만난다.('실패예찬' 에서 인용)" 내게 주어진 축복의 기회로 맑은 하늘과 한들거리는 바람이 주는 즐거움을 나는 누릴 뿐이다. 생존의 두려움을 넘어 내가 생존해 있음을 느끼고 생존을 누리는 것이다.

지금 마당에서 노니는 노랑나비, 만개해 있는 백일홍을 즐기고 있다. 집 옆 창고 지붕 위를 달리는 다람쥐가 내는 경쾌한 소리, 햇빛에 반짝이며 나의 손길을 기다리는 가지, 까맣게 익어가는 까마중[12]이 지금 나를 밖에서 기다린다. 지금 나를 부르는 존재들과 놀기 위하여 나는 밖으로 나가야겠다.

2014년 9월 17일 수요일

산책길에 해바라기 밑둥의 갈색 잎들을 보며 '쇠락'이라는 단어가 강하게 나를 잡았다. 생명체가 쇠락의 때를 알아차리고, 그것을 인정하고, 담담하게 받아들여야 함을 느끼게 했다. 이러한 쇠락이 내 옆에 다가왔고, 가을의 쓸쓸함이 하늘에서 내려와 어깨에 내려앉았다.

하지만 쇠락이 한 순간에 일어나는 것은 아니다. 여름이라는 정점, 성장의 정점을 찍고 점진적으로 다가오는 것이다. 해바라기는 뜨거운 태양아래 꽃을 여전히 유지한 채 자신의 씨를 무르익게 한다.

인간의 쇠락기에도 자신이 가진 지식과 경험을 무르익게 해야 하리라. 그것이 쇠락기의 미션일 것이다. 지식과 경험, 그것을 융·복합 함으로써 사물과 상황을 이해하는 능력과 시각을 높여야 할 것이다.

인간이 삶을 살아내면서 하는 것이 우주와 생명의 매카니즘을 이해 하는 것이라면, 또는 하나의 퍼즐을 완성하는 것이라면, 주어진 퍼즐 조각들을 맞추고 좀 더 이해하기 편한 그림으로 만들어 가는 것이리라. 퍼즐조각이 제자리를 찾아갈수록 더욱 용이하게 그림을 완성할 수 있음이 확실하다.

산책을 마친 나는 마당에서 풀을 태우고, 아궁이에서 장작을 태운다. 불놀이로 하루를 마감한다. 아궁이 불 하나로 가동되는 온수시스템의 따끈한 물로 내 몸을 씻고, 아늑한 방에 나를 맡긴다.

이러한 일상이 참으로 나를 행복하게 한다. 이런 행복이 나의 딸들에게 전달되리라 믿는다. 세상이 나를 지키고 인도했듯이 내 딸들의 삶도 그러하리라 믿는다.

아직도 세상과 삶을 잘 모르는 나의 간섭을 벗어난 딸들은 직접 세상을 만나고 직접 경험함으로써 자신의 길을 담대함으로 나아갈 수 있다. 어줍잖은 내 삶의 습관적인 태도로 하는 간섭은 결국 그들에게 걸치적 거리는 장애물일 뿐이다. 그들에게 필요한 것은 나의 믿음과 응원일 뿐이라 믿는다.

무엇인가 키우는 것, 자식을 키우는 것, 나 자신을 키우는 것에서 절대적으로 필요한 것이 '기다림'임을 느낀다. 나를 지키고 키우며 알게 된 정보와 지식, 지혜가 내 딸들의 밑거름이 되리라 믿고, 후배들에게 전달되리라 믿으며 오늘의 삶, 가을 놀이를 즐긴다.

2014년 9월 20일 토요일

가을을 어찌 알아차렸는지 나의 마당 감나무는 잎이 많이 변색되었다. 그 잎들을 지금 바람에 한 개 두 개 떨어뜨린다. 그들이 떨어지는 소리가 가을임을 더욱 확실히 한다.

이런 날 마루에 걸터앉아 마당을 본다. 앞 산은 여전히 짙은 푸르름 일색이다. 햇빛으로 환한 마당, 빨랫줄에는 이불이 널려있다. 바지랑대 끝에 잠자리가 앉았다. 풀벌레 소리가 은은하다. 새의 소리도 가끔 섞인다. 백일홍이 아직도 만발했고, 채송화도 피어 있고, 족두리 꽃도 아직 있다. 마당과 꽃밭 틈마다 까마중이 열매를 맺고 있다. 제라늄은 영롱한 색으로 피어있다. 국화들이 꽃봉오리를 곧 열 준비를 하고 있다. 화려하게 피어난 맨드라미, 이름을 미처 모르는 꽃들과 햇빛에 반응해 반짝이는 물풀의 잎. 이렇게 화려한 나의 꽃밭 한 귀퉁이에서 꽃무릇 하나가 올라왔다.

내가 꽃밭에 가지고 싶었던 꽃무릇이 이미 나의 꽃밭에 숨어있다가 지금 쑤욱 자신을 드러냈다, 꽃을 머금은 채. 이런 것이 횡재한 기분이리라. 흥에 겨워 마당에 나가 햇빛을 즐기며 까마중을 따 먹는다. 한가로움과 따사로움이 가득하다.

마당의 테이블에는 호박과 가지 그리고 토란 줄기가 말라 가고 있다. 내가 애초부터 있었던 그런 곳인 것 같다. 이것이 귀소 한 느낌이리라. 나는 이런 생활이 너무나 좋다. 더 이상의 넉넉함이 무엇인가.

따스한 햇살의 애무를 즐기는 사이 크고 작은 나비들도 내 정원의 한가로움과 햇살을 즐긴다. 살랑거리는 바람과 낙엽, 그들이 빚어내는 내 마당의 아름다움. 이런 삶을 이루는 데 무슨 조건이 필요하겠는가. 삶을 즐기려는 마음 그 하나면 된다. 자연과 소통이 되고 있다는 느낌, 그들이 주는 행복감이 나를 가득 채운다.

2014년 9월 22일 월요일

내가 지금 사는 산골에는 먹을 것이 풍부하다. 말 그대로 산골이라 버섯과 도라지, 인삼 등의 약초들도 많이 난다. 그것은 내가 그런 것들을 접하고 먹을 기회가 많다는 말이 된다. 서울에서는 먹어보지도 못했던 것들을 생전 처음 보고 먹으니 나의 건강함이 확보됨이 분명하다.

나의 밭에 저절로 나서 자란 토마토, 아직도 열매를 맺으며 나의 먹이가 되어주고 앞으로의 먹이를 위해 저장품도 되어 준다. 토마토 소스도 만들었고, 냉동 보관도 조금 했다. 그리고도 남는 토마토로 술도 담구었다. 그 맛이 어떨지 기대가 크다.

어제는 마을의 한 분이 으름을 따다 주었다. 술을 담그면 어떤지 궁금해 부탁 했었다. 나는 낮에 뒷산에 가서 딱 한 개의 으름을 따왔을 뿐이다. 으름이 높이 열리고 산 속으로 깊이 들어가는 것이 부담스러웠기 때문이다.

지금 내게는 내가 담근 자두주가 먹을 수 있게 익었고, 토마토주가 익어가고, 으름주가 준비되고 있다. 마당과 밭의 까마중을 따서 작은 병에 이것도 술로 만들려고 한다. 그리고 대추주를 담기 위해 커다란 통을 하나 준비해 두었다.

땅이 기반이 되어 자연스레 주어지는 먹거리. 그것이 풍부한 산골 마을. 그것을 이해하게 되면, 사람들이 생존의 두려움에서 벗어나기 쉽지 않을까 하는 생각이 든다.

나의 밭은 이웃의 밭과는 다른 곳, 산에 둘러싸여 있다. 다른 논과 밭에서 농약이 날라올 수가 없는 곳이다. 그리고 나는 일체의 비료도 농약도 쓰지 않았다. 나의 집은 예전에도 본격적인 농사군이 살던 집이 아니다. 그러니 말 그대로 안전한 식품들이다. 나의 농작물을 먹는 다는 것은 건강을 먹는 것이라는 흡족함도 느껴진다.

나는 여름의 어느 날, 비가 마구 올 때 농사를 포기하듯 밭의 관리를 집어 던졌었다. 한 달 정도가 지난 8월 말이 되어서야 겨우 환삼덩굴로 뒤덮인 밭 하나를 정리했다. 그 밭의 한 쪽에 심겨져 있던 샐러리는 많이 자랐다. 전에 얻어 심으면서 익숙한 냄새라 느끼긴 했으나 그 정체를 몰랐다. 그런 아이들이 자라 샐러리라는 자신의 정체를 확연히 드러냈다. 열악한 환경에서 자신을 키우느라 잎이 누렇게 뜬 것도 있고, 줄기가 병이 든 것이 있더라도 확실한 성장을 보여준다. 그리고 그 옆에는 갓 태어난 어리고 여린 파들이 있었다. 그러나 지금 파란 존재는 어디에도 없다. 어린 싹이 자라기에는 지나치게 열악한 환경이었음이 분명하다.

열악한 환경을 넘어 자신을 스스로 생존시킬 수 있는 것, 갓 태어난 어린 싹에게는 무리임을 확인한다. 동물도 인간도 밭의 작물도 갓 태어난 상태에서는 '돌봄'이 필수임을 챙긴다. 하지만 스스로 생존해야 할 나이가 되어도 우리네 사회의 어른들은 자신이 '돌봄'을 지속해야 한다고 여기는 것 같다. 그리고 늘 자신에게 의존하게 함으로써 자식을 옆에 붙들어 놓는 것이 아닐까.

부모가 되고, 오랜 세월 삶을 살았어도 세상을 아는 것은 극히 일부분이다. 아니, 오랜 세월을 살았다는 것은 자신의 삶으로 형성된 습관 속에 빠져 극히 제한적인 시각을 가졌다는 말도 된다. 그런 틀에 자식을 집어 넣는 작업을 지금의 우리네들이 '돌봄'이라고 오인하는 것은 아닐까.

우리 인간은 독자적인 존재로, 하나의 개체로, 스스로 성장하면서 세상을 알아가고 즐기는 그런 존재였으면 한다.

마당 가득 햇살이 빛나고, 호박과 가지 등을 말리며, 따사로운 태양의 애무를 받으며 나는 지금 지극히 행복하다. 충만한 느낌으로 고향에 돌아온 자로서, 수고함과 짐을 내려놓은 자로서, 두려움과 무서움이 사라졌음을 느끼는 자로서.

2014년 10월 25일 토요일

그제 고구마를 캐다 10여 알의 잣이 나와서 놀랐다. 땅콩도 두 개가 같이 나왔다. 내가 다람쥐의 저장창고를 허물었나 보다. 어제도 고구마를 캐다가 또 10여 알의 잣을 만났다. 누가 저장했는지 미안하다. 근처에 잣나무가 없는데 뒷산 어디에 잣나무가 있음이 분명한 것 같다.

봄에서부터 지금까지 풀을 뽑고, 감자를 캤고 고구마를 캐면서 개미집을 비롯한 많은 벌레들의 보금자리를 본의 아니게 파괴하는 파괴자가 되었다. 많은 생명체들의 안전을 위협했고, 생명체들의 목숨을 앗기도 했다. 정말 본의가 아님에도 말이다. 우리네 삶도 그러할 것이다. 그런 삶에서 오지 않은 미래를 두려워한다는 것, 그것을 방지하기 위하여 소유를 늘리고 안전지대를 구축하고자 하는 노력이 과연 가능한 것일까? 그저 내려놓고 살아야 할 것이다.

다 내려놓고 다소곳함으로 삶을 바라보고 지금을 즐기는 삶! 평화롭고 기쁘고 신나는 삶임을 알린다. 아름다운 가을의 한 가운데에서 가을을 온전히 즐긴다. 마을 한 끝자락의 나무들, 내 산책길의 300년을 넘게 살아온 둥구나무 등이 멋스러운 나의 친구이다.

2014년 11월 7일 금요일

지난 토요일 산촌의 집을 떠났다가 어제 밤에 돌아왔다. 차가운 방에 장작불을 때고 웅크리고 잠들었다. 자면서 등이 따끈해 짐을 느끼고 훈훈한 방에서 깨어났다. 집밖에 나오니 아름다움이 아른한 안개와 함께 여전하다. 햇빛에 모호함이 벗겨지며 신비의 너울을 벗는다. 신비로움의 너울이 멀리 산 정상에서 하늘거리며 사라져 간다. 찬란하게 아름다움이 빛을 낸다. 반짝이는 나뭇잎들.

집을 비운 사이에 마당의 백일홍들이 다 누렇게 죽었다. 안타까운 현실이다. 그런데 그 사이에 한 아이가 빨갛고 말간 모습으로 남아있다. 일상에서 이런 매력이 늘 나를 기쁘게 한다. 매력이 넘치는 나의 집과 산촌이다.

마당의 한 편에서 고개를 드니 감나무에 감이 매력적으로 달려있다. 매혹적인 디자인이다. 자연은 늘 멋있고 아름다운 세상을 만드니 그저 신기하다. 그 신비로운 아름다움을 한가로이 즐길 수 있는 내게 마련된 환경, 진정한 축복이다.

서울의 인위적인 모습을 뒤로 하고 만난 나의 산촌이 더욱 정겹고 매혹적이다. 산뜻한 공기가 좋다. 서울의 따뜻한 아파트 공간, 사방이 꽉 막힌 느낌이었다. 그래서인지 문만 열면 나를 반기는 햇살과 시원한 공기, 그리고 새소리가 무척이나 오늘 좋다. '즐거운 나의 집'이라는 소리가 저절로 나온다.

즐거운 나의 집이 자신을 즐겨줄 나를 불러들였고, 나는 집이 주는 즐거움을 만끽하고 있으니 이 이상 기쁠 수가 없을 것 같다.

내가 살아왔던 삶과는 다른 삶을 구경하고, 이런 생각과 저런 생각들을 이해하고, 저마다 다른 삶의 기준을 파악하며 그렇게 사는 삶에 나는 지극히 만족한다. 만족한 나의 삶과 즐거운 나의 집에 건배를…

2014년 11월 19일 수요일

요즈음 먼동이 트고도 세 시간 정도가 지나야 나의 마당에 햇살이 찾아 든다. 햇살이 점점 장악해 가는 마당과 집, 서리가 녹으며 김이 올라간다. 지붕에서는 서리가 녹아 처마 끝에서 똑똑 물이 떨어진다.

삼 면이 산으로 싸인 나의 집, 아침 햇살로 산에 김이 서리고 안개가 서린 아름다움을 즐길 수 있다. 그들이 승천하면서 내는 멋과 함께 할 수 있다. 햇살이 수분과 만들어내는 신비한 기운과 멋. 그런 멋이 여기만 있는 것은 아닐 것이다. 지금의 내 환경이 그것을 늘 목격하게 할 뿐이다. 그리고 여유로움이 있어 그것을 즐기게 하는 것이라 여겨진다.

도시의 바쁨은 주변을 눈 여겨 보지 못하게 했다. 그러다 어쩌다 보게 되는 멋에 가슴을 졸이며 그들과 함께 하고 싶었다. 그것을 향유하고 싶었었다. 그러다 그런 속에 들어와서 있는 그대로 자연이 연출하는 다양한 아름다움을 즐긴다. 여유로움이 생겨 더욱 즐거움을 만끽하게 한다.

요즈음 아침도 아닌 오전 10시 전후해서 만나는 물의 변화 과정, 김이 모락모락 나는 산과 지붕, 밭과 마당. 서울에서 한 겨울에 손으로 감싸 안은 커피잔에서 나던 김이 생각난다. 카페에 앉아 한가로이 행인을 보며 마시는 커피의 김. 그 규모가 다르다. 컵의 뜨거운 물에서 나오는 김이 공기에 흩어지고, 햇살에 서리가 녹고 수증기로 변하며 공중에 흩어진다. 안개로 모호했던 산이 햇살로 김을 뿜으며 명료해진다. 이때 신비감이 동반된다. 이것이 커피잔에서 나오는 김과 다른 것이다.

자신에게 주어진 것들을 즐길 수 있다는 것은 여유로움에서 비롯된다. 여유로운 눈에 비치는 미세한 변화들이 기쁨과 즐거움을 준다. 겨울로 들어가는 요즈음, 산책을 한다. 알록이 달록이들이 많이 사라지고 낡은 황금색이 많아진다. 짙은 갈색이 많아진다. 가지만 앙상한 나무들이 늘어난다. 길섶에 작은 꽃을 피운 제비꽃을 하나 만난다. 내 마당에는 아직 붉은 꽃을 피운 아이도 있고, 노란 꽃을 피운 채 이미 꽃이 지고 누렇게 변해가는 동료들을 바라보는 키가 작은 국화도 있다.

밤 사이 서리와 함께 하얗게 얼은 잎이 애처롭다. 하지만 햇살이 비치면 다시 물기를 잔뜩 머금은 초록색 잎으로 되살아

나는 나뭇잎도 있다. 같은 나무의 잎이라도 제각기 생존을 달리한다. 같은 식물이라도 동일한 환경 조건에서 생존을 달리한다. 햇빛을 더 맞을 수 밖에 없는 입지, 낙엽이 이불이 되어 감싸주는 정도. 그러한 작은 차이가 생존의 여건을 다르게 한다. 식물은 한 자리에서 그러한 여건에 따라 자신을 존속시키기도, 동면을 하기도, 영면을 하기도 한다. 주어진 환경에 순응한다는 것이 새삼스럽게 다가온다.

내게 주어진 자연환경에 고맙다. 자연인을 추구하면서도 다 떨구어내지 못한 도시의 생활습관 쪼가리들. 그것들을 가끔 즐기는 것도 내게는 기쁨이고 재미이다. 게으름을 마냥 피울 수 있는 환경에 또한 고맙다. 많은 사람들은 많이 쓰기 위해 또는 많이 가지기 위해 돈을 벌려고 노력한다. 돈을 버는 일로 바쁘고 열심이다. 돈을 써야 살 수 있다는 생각과 돈이 있어야 한다는 생각을 버리니 열심히 무엇인가를 할 이유가 없다. 자유로이 내 몸의 요구에 따라서 움직이고, 자연이 주는 것을 먹고 즐길 수 있는 여유가 생긴다. 마냥 게을러지기도 한다.

2014년 12월 15일 월요일

올 12월엔 눈이 참으로 자주 온다. 지난 토요일에도 아침에 일어나니 눈이 세상을 하얗게 분장을 한 상태였다. 한 8cm정도 내린 것 같다. 날이 조금은 쌀쌀해 눈을 치우기가 좀 순조로웠다. 아주 춥지도 않고 푸근하지도 않으면 눈이 와도 치우기가 조금은 쉽다는 사실을 알게 되니 신기했다.

어제는 날이 맑았다. 아직도 이사 중인 나는 오전에 짐을 또 가지러 옛집에 갔다. 집에 오르는 나지막한 비탈길은 마치 다이아몬드를 빽빽하게 깔아 놓은 것 같았다. 오색찬란하다는 단어가 있지만 오색을 넘어 많은 색상으로 휘황찬란하게, 눈이 부시게 반짝였다. 눈이 베푸는 화려함, 어제부터 있던 눈이 적당한 온도로 녹지 않았기 때문이다. 거기에 햇빛이 비추니 눈 결정 하나하나가 그렇게 빛나는 것이다. 이 세상의 어떠한 보석들이 그렇게 빛날 수 있을까. 그런 오묘한 기쁨을 맛 볼 수 있는 삶에 고맙다. 지난 13개월 내가 살았던 집에 대한 사랑은 이렇게 나를 잡는다.

오늘도 여전히 사방에 눈이 남아있으나 날씨는 흐리다. 그래도 세상이 얼어 있는 느낌은 없다. 며칠 전 온도가 내려가 화장실 창문에 성에가 잔뜩 끼었던 날은 창 밖 세상이 적막하게 얼어있는 듯 보였다. 작은 온도의 차이가 나의 눈에도 보인다는 사실을 처음 알았다.

전의 집과는 달리 지금 살기 시작한 나의 집은 따스한 실내에서 바깥세상을 바라볼 수 있다. 마루 앞에 책상을 놓고 나는 창 밖을 보며 지금 이 글을 쓴다. 옆에는 난로에서 장작이 소리 없이 타고 있다. 잠깐 잠깐 붉은 불꽃이 어른거린다. 훈훈함이 있기에 이런 배치가 가능하다.

전의 집은 나의 침실에 박혀 있으면 추운 날도 따스했다. 아늑함이 나를 싸 안았다. 하지만 게으름이 점점 심해졌다. 이제 같은 형식의 시골 농가 마루 앞을 내달아 막고 앞에 창문을 달아 나의 거실을 만들었다. 그 공간에 난로를 놓고 장작을 때니 내가 살고 싶었던 주거형태가 이루어졌다.

지금 잔잔한 음악도 흐른다. 라디오 주파수를 찾지 못해 즐기지 못했던 소리의 향연. 어제 라디오를 들고 이리저리 찾다가 드디어 나를 편안하게 하는 방송을 찾았다. 클래식 소품들이 나오는 방송으로 무엇이 나오는지 모르지만 나는 그 소리가 있음에 편안하다.

내가 원하는 주거형태를 찾기 위해 여러 집을 살아보았다. 그러다 내가 원하는 주거형태를 알게 되었고, 그런 집에서 살게 되어 나는 행복하다. 난로에서 내가 농사지은 고구마도 굽고, 그 냄새를 즐긴다. 오늘은 아침으로 군고구마 굽는 통에다 떡을 구워 먹었다. 작지만 내게는 군고구마통이 바로 오븐으로 여러 가지를 할 수 있다. 나의 생각대로 임을 확인하는 작업도 신나는 일이다. 왜냐하면 나의 경험으로 유추한 것이라 내가 제대로 경험치를 나의 것으로 했다는 의미이기 때문이다.

지난 일요일에 나는 집을 수리하던 사람들이 잘라놓은 대추나무 가지를 사용하여 나름의 크리스마스 장식을 만들었다. 이사를 하다 만난 빨간 파일. 잘라서 작은 별을 만들었고, 또 길고 가늘게 잘라 나무에 둘러 놓았다. 여기에다 반짝이는 나의 액세서리를 걸어서 나름의 작품을 만들었다.

나의 집은 빈티지를 외치며 나름으로 멋을 더해 가고 있다. 그러느라 나는 매일 나름 부지런하게 움직인다. 하루에 1~2 번 전의 집에 가서 책을 가져 오고, 다시 정리하고, 그림도 제 자리를 찾아주고.

집을 보수하며 전에 살던 사람이 쓰던 쓰러져가는 헛간을 부셔내고, 거기에서 나온 나무들을 마당에 쌓아놓았다. 나는 매일 두서너 개의 나무를 톱으로 썰어서 난로의 땔감을 마련하고 있다. 전에는 엄두가 나지 않았으나 지난 금요일 젊은 친구들이 와서 급한 땔감을 마련해 주고 정리해 주니 기운을 내서 톱질이 된다.

그러니 나의 일과가 요즈음 바쁘다. 아침에 일어나 TV드라마 두 개를 보고는, 어두움이 내려 앉을 때까지 나는 거실에서 지낸다. 밤과 낮의 생활영역이 분리됨으로써 나의 생각대로 게으름의 요소가 일부 제거된 것이다. 그리고 따스함에 머물러도 자연의 아름다움을 만끽할 수 있으니 눕는 시간이 줄어든 것이다. 이제는 낮의 졸음도 난로 앞에서 해결 할 수 있을 것 같다.

난로가 놓여지면 전기제품과 가스레인지 사용도 줄어들 것이라는 나의 예측대로 난로의 열로 차를 끓이고, 전기오븐 대신 각종 구이를 해결하게 되었다. 난로가 주는 훈훈함은 사람의 마음까지 보들보들하게 한다. 그런 난로가 놓여진 나의 거실에 고맙다.

2015년 1월 2일 금요일

오늘 눈이 펑펑 쏟아진다. 요즈음 나는 매를 여러 번 보았다. 집 앞 전봇대 위에 휘익 날라 앉는 위용. 그는 알아보니 매였다. 커다란 몸이지만 매는 앉을 때 참으로 순간 정지를 하듯 말끔하게 앉는다.

그래서 요즈음 나는 산책을 할 때, 멋있는 파랑새를 만나기를 바라고, 매를 만나기 바란다. 그런 기대감으로 나서서 걷는 길, 원하는 새들을 만나지 못해도 눈 아래 푸른 풀들이 그득 함을 확인하면 행복하다. 그들의 생명력에 경이를 표하며, 나의 생명력도 그렇게 강인함을 재확인한다.

오늘 도시에서는 시무식을 한 곳이 있을 터이고, 어떤 곳은 징검다리 휴일이라고 아예 오늘까지 휴일로 한 곳도 있을 터이다. 그런 것과 무관하게 나는 산다. 아직도 옛 습관이 남아 이렇게 놀기만 해도 되는지 의아한 느낌이 들 때도 있다. 그러면 내가 지금 어디에서 한량으로 사는 지를 챙겨든다.

2014년은 나를 진정한 60대 할머니로 변화시켜 주었다. 2015년은 산촌의 조용한 할머니로, 지상선地上仙을 구현하며 살려고 한다. 할머니라는 정체성을 확실히 하는 것은 지나간 시절의 습관인 행동과 기대 등을 버린다는 의미이다. 나는 이제 2014년 보다 더욱 세상을 관조하며 신선이 되련다.

2015년 1월 12일 월요일

요즈음 나는 서쪽으로 난 창문을 통해 세상을 바라본다. 그곳에서 햇살의 흐름을 본다. 아침 7시, 아직 어둡다. 30분 정도가 지나야 먼동이 튼다. 8시 즈음이 되면 창문에서 바라다 보이는 저 멀리 앞산 위에 햇살이 당도했음을 알 수 있다. 아직 눈으로 하얗게 변한 산의 머리 끝이 햇살로 반짝이기 시작했기 때문이다.

동쪽에서 떠오른 해가 막아선 산보다 높이 올라 서쪽의 산 등성이에 햇살이 꽂힌다. 그 햇살은 서서히 산 아래로, 다음 산으로 자신의 영역을 넓혀 간다. 그렇게 내려온 햇살은 9시30분 즈음이면 마을로 내려온다. 그리고 나의 집을 향하여 야금야금 다가온다. 10시 즈음이면 나의 집에 오기 위하여 다리를 건넌다. 그렇게 도착하는 마당, 11시 정도가 되면 마당을 장악하고 잠시 머문다.

남쪽 방향으로 많이 진행한 해는 나의 마당에서 다양한 그림자를 만들며 시간을 보낸다. 남쪽으로도 산이 있고, 나의 창고도 있기 때문이다. 그러다 오후 3시 정도가 되면 본격적으로 집안에 침투한다.

햇살이 장악한 나의 집안 먼지가 춤을 춘다. 먼지의 움직임이 한가로움을 더욱 느끼게 한다. 먼지를 잡으려 들면 그들은 나를 놀리듯 본격적 춤사위를 편다.

밖은 오후 5시가 다가오면 갑자기 공기가 바뀐다. 공기를 채웠던 햇살이 사라지기 시작했기 때문이다. 햇살이 빠져나간 공기는 차다. 그들이 빚어내는 기운은 쓸쓸함이다.

5시가 넘어 해는 어느덧 보이지 않는다. 아침 첫 햇살을 보여주는 그 산 너머로 내려갔기 때문이다. 그러다 구름이 붉게 물들어 그 산을 장식한다. 그러면서 어둠이 서서히 내려온다.

하루 햇살의 흐름을 보면서 '흐름'이라는 단어가 나를 잡았다. '흐름'... 우리네 삶에도 그 흐름이 있다는 생각이 들었다.

내가 가는 길이 맞는지 많은 갈등을 하며 길을 찾았을 때가 있었다. 그러면서 세상의 흐름을 좇을 때도 있었다. 어떤 때는 잘 간다고 믿으며 신이 나서 기쁠 때도 있었다. 그러다 회의적인 의심으로 나와 주변을 볼 때도 있었다.

길이 아닌 줄을 깨닫고 벗어나려 하나 벗어나는 방법을 모르고 같은 자리를 맴 돌며 고통에 아파하기도 했었다. 벗어나는 방법을 모른다는 것, 그것은 내가 무엇을 해야 할지 모른다는 것. 그래서 내가 무엇을 해야 한다는 생각도, 행동도 내려놓았다. 맴돌며 이리 부딪치고 저리 부딪치며 느낀 고통, 그 고통도 내려 놓았다.

내가 나 자신을 방기한 상태, 정신을 차리니 나는 벗어나야 할 곳을 이미 떠나 있었다. 그러면서 다시 나의 길을 생각했다. 그러다 내가 나를 맡겨야 할 '흐름'을 만났다. 그 흐름이 일체의 불안감과 두려움을 없애주었다.

이제 내게는 외로움도 없다. '흐름'을 타고 있으니 말이다. 그 흐름에 나를 맡기며 나의 힘도 내려놓고 흐른다. 흐름에서 만나지는 기적을 경험하며 나는 점점 내가 알아야 할 것들을 알아차린다. 아름다움이 주는 행복을 경험하며 기쁘다. 아름다움을 볼 수 있는 시각이 주어졌음에 고맙다. 그리고 그 아름다움에서 깨우침을 얻을 수 있어 고맙다.

2015년 2월 4일 수요일

조금 전에 산까치가 떼로 몰려와 나의 마당에서 무엇인가 쪼고 나무에도 앉으며 자신들의 날씬한 몸매와 아름다운 모습을 뽐내다 갔다. 그들이 가자 참새들이 또 떼로 조용히 자신들의 자리에 날아와 앉는다.

얼마 전에는 까마귀가 마당 앞 전봇대와 전선에 떼로 몰려와 '깍깍' 거리며 자신들의 존재를 알렸다. 그들의 새까만 모습이 별스럽게 아름다웠다. 어떤 색도 허용하지 않은 온전히 까만 색이 멋있다.

요즈음 내가 이름을 잘 모르지만 많은 새들이 몰려 다닌다. 봄이 오기에 그들이 기운을 차리고 활개를 치는가. 간혹 보이는 매, 그는 꼭 전봇대 꼭대기에 앉는다. 그것도 꼭 홀로이다.

산골의 겨울에 살아있는 생명체 중 내 눈에 제일 가련하게 보이는 것이 개이다. 황량한 산 속에 홀로 버려진 듯 매어진 개. 나의 움직임에 그들은 맹렬히 짖는다. 그들의 짖는 소리가 산에 메아리 친다. 그들을 보며 나는 개의 반란을 생각했다. 아니, 걱정을 했다. 그러던 중 얼마 전 뉴스에서 들개들이 한 농장을 습격해 농장주를 다치게 하고 가축들에게 피해를 주었음을 알게 되었다. 내가 우려한 일이 발생한 것이다.

개들은 개를 좋아하지 않는 내 눈에도 매우 영리하게 보인다. 나의 집에서 40여 분을 걸어가는 마을의 마지막 집에 비호라는 이름을 가진 개가 있다. 그는 내가 거기까지 산책을 하고 집에 돌아오려면 먼저 길을 나선다. 그는 빠른 걸음으로 나를 앞서고, 잠시 잠시 좌우 산을 들락날락한다. 그러다 내가 많이 뒤처져 보이지 않으면 멈추어 서서 나를 기다린다. 그 기다림이 길어지면 길을 다시 되돌아 오다가 나를 보고는 다시 앞으로 간다. 사람이 하는 행동과 똑 같다.

하지만 추운 겨울, 생명체를 가까이 하며 돌보지 않고 황량함과 추위에 팽개친 듯한 자세는 생명체에 대한 존중감이 전혀 없는 인간의 교만에 가득 찬 행위라 여겨진다. 다른 생명체의 존재를 가볍고도 우습게 보는 것이다. 그런 인간의 행위에 그들이 하나가 되어 반란을 일으키면 우리가 과연 방어할 능력이 있을까 싶다. 방어 이전에 더불어 사는 것이 아니라 주변에 적들을 더욱 만들어 가는 행위라 여겨져 통탄스럽다.

인간의 이런 교만은 같은 인간에게도 발휘된다. 자신들이 설정하고 사는 삶의 방식을 벗어난 사람을 자신과는 다른 열등한 존재로 여기는 것 말이다. 그래서 요즈음 드라마를 보면 '감히' 라는 단어가 많이 쓰인다.

우리들은 자기의 것이 좋다고 또는 옳다고 여기는 버릇이 있다. 그래야 자긍심을 가지고 사는 것이라 여기나 보다. 내가 산촌에서 사는 것이 도시의 중산층 지인들은 단순히 없어서 택한 딱한 길이라 여기고 싶어하는 것 같다. 물론 그것도 원인이 된다. 하지만 그 이전에 나는 사람 보다는 자연이 좋다. 이해 못하는 사람들을 설득할 필요도 나는 없다. 그런 그들을 떠나 나만의 존재양식을 만들고, 나의 새로운 삶의 스타일을 만들면서 나는 자유롭고 편안하다.

2015년 3월 17일 화요일

어제 그제 햇살이 좋은 따끈한 봄날이었다. 오늘도 햇살이 이미 마당까지 찾아왔으나 반짝이는 느낌이 없다. 하늘은 탁하다. 그래도 따스한 봄날이다.

봄의 따스함에 지난 해에 얻어 심은 복수초가 꽃을 하나 피어냈다. 복수초가 꽃으로 자신의 존재를 알리기 전, 나는 그의 존재를 잊었다. 내가 잊었어도 그는 자신의 존재를 발현시켰다.

어제의 산책길에서 예쁘게 핀 뱀딸기 꽃을 보며 올 봄에 대한 나의 인지가 매우 늦었음을 알아차렸다. 꽃샘 추위에 웅크리고는 마냥 게으른 나였음을 깨우친다. 그런 나를 봄의 햇살과 따스함이 깨운다.

어제의 걷는 운동은 내가 살던 집에 이사 온 젊은 친구와 같이 했다. 산 기슭에서 쑥과 돌나물도 뜯었다. 올해 봄 처음으로 자연에서 먹거리를 얻은 것이다. 그들의 신선함이 생명력의 강한 힘을 느끼게 했다.

도시생활만 했던 친구들을 보면, 내가 몇 년 사이에 산골에 대해, 또 먹거리들에 대해, 제법 알아진 것이 많다는 것을 느낀다. 이 또한 나를 뿌듯하게 한다.

따스한 봄날은 사람을 밖으로 유인한다. 햇살을 받으며 마당과 밭을 오가며 일을 한다. 이것도 나를 뿌듯하게 한다. 만족감이 차오른다. 마당에 앉아서 놀며 차를 마실 수 있는 시설을 마련했으면 좋겠다. 이렇게 우리네 삶은 지속적으로 확장되고 뻗어나간다. 그것을 늘 보면서 적절히 절제를 하지 않으면 삶은 복잡해지고 어지러워진다. 관리해야 할 짐을 하나씩 줄이면서, 꼭 필요한 것들은 기회가 되면 하나씩 마련하거나 보수하면서 그렇게 지내면서 노후를 보낼 생각이다.

농사에 대한 욕심도 줄이고, 꽃밭을 관리하며 노후의 내 노동 현장을 만들어야겠다. 밭과 꽃밭은 내가 올해 새로 틀을 만들면 다음 해에 그 자리에서 다시 싹이 나리라. 그런 상태에서 관리하고 정리하면 되리라 본다.

아름다운 생명체들이 그득 할 나의 정원은 상상만으로도 나를 기쁘게 한다. 정원에 대한 구체적인 계획은 없다. 그저 내게 주어진 인연에 따라 만나지는 모종과 씨로 구성해 간다. 그러면서 수정 보완해 가면 되리라 본다. 꼭 어떠해야 한다는 것을 던져버린 내게 그 어떤 흐름을 따라 산다는 것, 기쁨이다. 그리고 나를 기대감에 벅차게 한다. 그렇다. 기대란 이런 것임을 깨우친다. 인간에 대한 기대를 버리고 얻은 기대감이다. 삶이 나를 어디로 데려가는지 호기심으로 기대하며 맞아들인다.

2015년 4월 20일 월요일

오늘은 비가 주룩주룩 온다. 어제 그제는 이슬비와 안개비, 그러다 잠깐 오는 비, 종일 공중에 비가 가득 들어있었다.

어제 그 동안 쌓던 둑을 마무리 하고, 칸나를 심었다. 그리고 숲에 들어가 숲에게 감사하며 풀꽃을 조금 얻어다 심었다. 그러느라 엉망이 된 옷을 빨고는 산책을 나섰다.

며칠 새 산벚꽃들이 다 피었는지 산이 무척 화려하다. 그런 산의 나무들도 신록의 색으로 촉촉함에 젖어 생명의 소리, 생동의 소리를 내는 듯 했다. 골짜기에서는 구름이 피어나고, 개울의 바위에는 꽃비가 내려 화려함을 뽐냈다.

저녁으로 다가가자 집집마다 굴뚝에서 연기가 솟아난다.

연기인지 안개인지 구름인지 뭉게뭉게 신비한 기운이 가득 찼다. 생명의 활발한 느낌이 왕복 한 시간 정도만 걸어야지 했던 것이 편도 한 시간 거리를 걷게 했다. 자연에게서 받은 생기가 나의 몸에 생동감을 주었고, 마음도 활발하고 즐거운 기운으로 가득 차게 했다.

나는 지난 주에 거의 매일 축대를 쌓았다. 나의 마당에서 연결되는 곳은 논이다. 높이의 차이가 있으나 축대는 엉성했고, 전에 나의 집에 살던 분들은 그 축대에 시꺼먼 차광막[13]을 쳐 놓았다. 그것을 어떻게 처리해야 할 지 아이디어가 없었다. 그러던 차에 전에 내가 살던 집에 이사 온 젊은 친구가 둑을 쌓으면 좋겠다며 검은 막을 걷어내 주었다. 그리고 그가 기본을 해 주었고, 요령도 알려주었다.

그래서 나는 돌을 개울에서 주어왔고, 흙은 마당의 한 켠 조금 높이 올라간 부분에서 마련했다. 점차 둑이 올라가면서 뿌듯함이 나를 가득 채웠고, 그 기운이 나를 종일 노동의 현장으로 가게 했다.

젊은 친구가 10 분이면 할 일을 나는 두 시간은 걸려 했다. 하지만 티끌 모아 태산이라며 조금씩 조금씩 축대를 쌓았다.

돌을 개울에서 건져 오다 넘어져 양쪽 무릎팍이 다 까져가며 나는 돌을 옮겼다. 지난 토요일 젊은 친구들이 진짜 내가 했냐며 칭찬이다. 그리고 마무리 작업으로 흙을 날라다 새 축대로 생긴 공간을 채워주었다.

나는 어제 좀 더 돌을 주어다 축대에 올리고, 새로 마련된 나의 축대에 칸나를 주욱 심었다. 칸나는 마을 분에게서 얻은 것이다. 칸나가 잘 자라주기를 바라는 바램으로 비가 촉촉히 내리는 날 심은 것이다. 칸나가 쑥쑥 자라 꽃을 피운다면 나는 아름다운 칸나 울타리를 가지게 되는 것이다. 그 모습이 떠오르며 신이 난다.

나는 마당에 쌓아놓았던 돌을 축대로 옮기면서 돌 밑에서 자는 많은 개구리들을 보았다. 어제 축대를 쌓으면서 앞의 논에서 수많은 개구리들이 짝짓기 하는 것을 보게 되었다. 이것도 난생 처음의 경험이었다. 그러더니 어제 밤에는 개구리 소리가 엄청났다. 게을렀던 개구리들도 이제는 깨어나 자신에게 부여된 종족을 보존하기 위한 짝을 불러내는 의무에 열심인가 보다. 앞의 논에서 개구리들이 나의 잠을 다 방해할 정도로 울었다.

지난 토요일 점심 무렵에 나의 젊은 친구들과 밭에서 바로 쪽파와 달래를 뽑고, 부추를 뜯어 부침개를 해 먹었다. 젊은 친구들이 재료도 장만하고 씻고 부침개까지 하니 나는 먹기만 했다. 내가 하지 않고, 나의 집에 앉아 젊은이들과 함께 '맛있음'을 나누는 것은 참으로 기쁜 일이었다. 얼마 전 내가 담근 머위 장아찌가 부침개의 맛을 돋구니 더욱 좋았다.

나는 요즈음 나의 집 환경미화작업이 한창이다. 지난 해 공사를 하면서 밭에 쌓아 놓은 슬레이트를 창고 뒤에 얌전히 옮겨 쌓는 노동도 진행 중이다. 이제 반 정도를 치웠으니 날이 개면 앞으로 한 이틀은 걸려야 끝이 날 것 같다. 저질 체력의 소유자이니 남이 잠시 잠깐 할 일을 나는 며칠씩 걸쳐 하는 것이다.

슬레이트를 치우면서 다음 미화작업 대상이 눈에 들어온다. 너무 엉켜 있으면 할 엄두가 나지 않으나 무엇인가 하나가 정리되면 그 다음 처리 대상이 보이기 마련이다. 그러니 시작이 반이다. 축대 미화작업도 엄두가 나지 않았으나 젊은 친구가 시작해주어 가능했다.

이제 한동안 내 노동력을 필요로 하는 일이 주욱 줄을 서서 나를 기다리니 이것도 참으로 좋다.

지금 이 글을 쓰는 나의 등 위에서 TV 뉴스 쇼의 소리가 간혹 들린다. 요즈음 계속 '성완종'의 자살테러로 온 나라가 들썩인다. 어디선가 진짜 자폭테러로 30여 명의 사상자가 났다는 소리도 들린 것 같다. 난민이 탄 배가 전복되어 700명 정도가 죽었다는 소리도. 너무 많은 사람들, 아픔의 소리가 난다. 이제 지구는 하나로 전 세계 어디의 소리든 다 들린다. 아, IS에서 30명 정도를 공개 처형했다는 소리도. 괴롭다. 방의 TV를 끄고 비를 묵묵히 맞고 있는 흠뻑 젖은 산을 본다.

이제 비를 맞더라도 나의 꽃밭에서 올라오는 오글거리는 떡잎들을 보러 나가련다. 생명체들이 내는 소리를 들으러.

2015년 6월 3일 수요일

오늘 나의 정원에는 관상용 달맞이꽃이 활짝 폈다. 그들의 노란 색은 깨끗함이 넘치는 맑은 노랑이다. 야생 달맞이꽃과 달리 이들은 키가 적당하고, 잘 자라고, 꽃이 화려하게 예쁘다.

지난 월요일 나는 모처럼 읍내에 갔다. 그날 읍내에서 한 아주머니가 어디에선가 얻은 것인지 달맞이꽃을 비닐 봉투에 가득 담아가는 것을 보았다. 작년에 나를 기쁘게 한 꽃, 하지만 새까맣게 잊었다. 읍내 음식점 앞의 화분에서도 그들이 맑은 화려함을 뽐내고 있다. 그럼 나의 달맞이꽃은 왜 안 피었지? 어디에 있지? 이런 질문과 함께 어쩜 그렇게 기억을 가지고 있지 않은지 내가 야속했다. 그런데 다음 날 아침 나의 정원에 달맞이꽃이 피었다.

나의 야속한 기억력처럼 살다 보면 다른 사람에게서 그런 야속함을 느낄 때가 많다. 요즈음 너무나 많은 정보들과 알아야 할 거리들. 상대가 고마움이 넘쳐야 할 것 같지만 그 마음을 다 잊고 하는 언행, 정말로 야속하다. 이럴 때 마음이 쪼그라든다. 아마 나의 달맞이꽃도 그러하지 않았을까 한다. 그래도 그는 자신을 드러내, 꽃이 아닌 잊었던 잎의 모양도 내게 알려준다. 야속함으로 피어나지 않았다면 그는 자신을 온전히 내게 알리지 못했을 것이다. 꽃을 피워야 하는 자신의 소명을 이루지 못했을 것이다. 그래, 나의 옹졸함은 일시적인 현상일 뿐이다. 내가 잊듯이 다른 사람들도 잊었을 뿐이다. 그렇다면 나도 얼마나 많은 야속함을 다른 사람들에게 주었을지 미안하다. 그래서 내가 사람이다. 우리가 사람이다. 부족하기에 늘 감정의 변화를 겪고 느끼면서 자신을 교정해 나가고 학습을 해야 하는 사람이다.

이렇게 자신의 부족을 느끼는 것은 내가 아직 청춘이기 때문이다. 부족함으로 일어나는 제반 현상들을 탐구하고, 세상을 탐색하고, '앎'을 챙기고, 잘못 가진 '앎'을 파악하고 버리고,

그에 따른 제반 현상을 이해하고, 그렇게 사니 청춘이란 말이다. 그러기에 세상은 내 흥미의 대상이고, 자연과 사람들도 내 탐구의 대상이다. 그래서 즐거운 삶이다. 탐구와 탐색의 결과를 기쁨으로 느낄 수 있는 행복한 삶이다. 그래서 나는 청춘이다.

나이를 먹어 늙은이가 되었다는 것, 이제 가을이 오면 가져야 할 자세를 이해해 간다는 것이고, 겨울이 오면 웅크리고 알게 된 '앎'을 되씹으며 체화體化를 해야 함을 알게 되었음을 의미한다. 그리고 봄이면 새로운 존재로 나를 다시 키우며 세상을 만나고, 내가 알게 된 '앎'을 세상에 널리 알리는 것이 여름에 꽃을 피우는 내가 할 일임을 깨우친다. 그 깨우침을 실행하는 나는 청춘이다.

2015년 6월 10일 수요일

요즈음 저녁 8시 정도, 석양이 멋있다. 해가 지는 주변의 얇고 하얀 구름이 붉게 물든다. 맑은 날 집안에 있어도 나의 광목으로 된 커튼을 발그레 물들인다. 저녁이 오기 전 나는 걷기 운동을 하면서 개울가의 뽕나무에서 오디를 몇 개씩 따 먹는다. 달콤하다. 가뭄이니 더욱 단 것 같다. 그런데 그 단 정도가 나무마다 다르다. 나무가 있는 위치에 따라 익은 정도도 다르다. 햇볕을 얼마나 즐겼는가가 그 정도를 결정하는 것 같다. 열매의 크기도 다 제 각각이다. 바로 우리네 인간들과 마찬가지이다. 그래도 작던 크던 그들은 오디이고, 자신의 역할을 다한 것이다. 우리 인간도 자신이 있는 위치에 따라 사회에 기여하는 바도 다르고, 그 크기도 다르다. 삶에 대한 만족도도 다르다. 만족도가 높을수록 그 열매가 달 것이라 여겨진다.

요즈음 걷다 보면 머루나무를 많이 본다. 다래꽃도 본다. 작년에는 몰라서 미처 보지도 못한 것이다. 뽕나무도 더욱 많이 보인다. 이 마을에서 두 번째 여름을 만난 내가 그만큼 적응했고, 마을을 이해했기 때문이리라. 적응한 만큼 이 마을의 자연은 내게 먹거리를 많이 제공한다. 고마운 일이다. 산촌에서 살면서 다래와 머루를 먹어보고자 했으나 아직 그것을 이루지 못했다. 올해는 머루와 다래를 먹어볼 수 있으리라 믿어본다. 그리고 이 나무들에도 암수가 따로 있는지, 뽕나무라고 오디를 다 달고 있지는 않다. 다래와 머루도 그러한지 모르니 그런 전제 하에 그 열매를 앞으로 만나보리라는 희망을 가진다.

요즈음 나의 꽃밭에는 채송화가 여기저기 꽃을 매일 피워 낸다. 달맞이꽃이 적절하게 신선한 노랑, 산뜻함을 잔뜩 머금은 노랑으로 빛난다. 봄이 오면서 만난 수많은 노란 꽃, 그 노랑이 저마다 다르다는 사실이 놀랍다. 그런 주변 여기저기에서 다양한 색, 은근한 색으로 사랑스러움과 앙증맞음이 무엇인지 알리는 채송화. 정말로 다양함으로 식물들이 자신의 생존을 유지하고, 자신의 소명인 꽃을 피워내는 일. 경이로움으로 생명의 신비를 일깨운다.

발로 짓밟아도 바로 일어나는 풀들의 복원력, 이 가뭄을 견뎌내는 그들의 인내력, 뜨거운 태양아래 잎을 축 늘어트리거나 잔뜩 오그라들며 자신의 생존을 위한 능력 발휘. 자신의 환경에 따라 자신을 키우는 식물들. 그들은 주변 환경과 소통을 하며 자신을 지키고 키운다. 움직일 수 없는 그들은 자신의 몸을 환경에 따라 기울이기도 하고, 구부리기도 한다.

소통, 날씨와도 또 주변 식물과도 그리고 자신을 품은 땅과도 그들은 소통을 한다. 태어난 이상 생존을 결정한 그들은 같은 꽃의 1/10 크기도 못 클 열악한 환경을 만나면 그에 맞게 자신을 키운다. 또 때가 되면 자신의 몸에 맞는 꽃을 피우고 씨를 맺는다. 요즈음 같은 심한 가뭄에 그들의 뿌리는 땅과 하나가 되어 웬만해서는 뽑을 수가 없다. 식물의 뛰어난 생존능력! 그러한 능력이 우리 인류에게도 있기에 지금까지 인류가 진화하며 살고 있으리라. 그러한 생존능력 중 중요한 것이 소통의 능력이라고 본다.

그런데 식물이라는 생명체가 주변 환경과 소통을 하며 자신을 키우고 자신을 지키는 반면 우리 인간은 소통의 능력을 많이 잃은 것은 아닐까 한다. 사람들끼리도 소통이 잘 안되고 우리가 마치 자연을 좌지우지 할 수 있다고 여기는지 자연과도 소통을 제대로 하지 못한다. 오로지 물질을 따르는 방향에다 눈을 꽂고는 분주하기 때문이리라. 바쁜 마음, 외부로만 향한 마음은 자신의 소리와 주변의 진정한 소리를 듣지 못하게 한다. 시끄러움이 가득 찬 공간에서 옆의 사람이 말하는 의미 있는 소리도, 자신의 내면에서 간절히 외치는 소리도 들리지 않을 것이다.

어제 읍내에 나가 마을의 몇 사람들에게 밥을 대접했다. 사람들은 저마다 참으로 노골적으로, 거기에다 큰 소리로 잘난 척을 무척 한다. 진실이 아닌 것도 진실이라 여기기에 끝까지 서로 주장을 한다. 그리고 처음 알게 되면 관계를 진행하며 서열을 매기는 것 같다. 그것이 확립될 때까지 서로 힘 자랑을 하는 것 같다. 이럴 때 그저 가만히 있는 것이 상책이다. 나는 나의 생존을 즐기기만 하면 되니까. 그리고 그런 서열을 넘어 선 존재니까. 그들의 얘기를 들으며, 술을 마시며, 나는 삶이 즐겁다. 겉껍질을 벗겨낸 존재들을 느끼며, 우리가 다 부족한 인간임을 느끼며, 수고 하고 산 사람들을 인정해 주며, 나는 행복하다. 등 따습고 배부른 존재로서, 부족해서 늘 학습을 하는 존재로서, 조금씩 성장을 느끼면서 지극히 나 자신에게 만족스럽다.

만족감에 차 있는 나, 대문을 만들고 싶었다. 예전에 살던 집에 머물고 있는 젊은 친구가 만들어주겠다고 했다. 그랬더니 문을 만들 나무를 마을 한 농원의 대표가 가져다 주었다. 어쩜 날짜까지 맞추어 내가 필요한 나무를 한 공사현장에서 얻어다 준 것이다. 이런 것이 기적이다. 나의 필요를 채워주는 자연에 그저 고맙다. 땔감으로 가져온 나무, 버려진 나무들이 유용한 재료로 쓰이는 것이다. 이렇게 나는 미리 걱정할 필요가 없다. 필요한 것이 생기면 채워지는 기적을 믿기만 하면 된다.

며칠 만에 어제 밭을 들여다보니 어느새 시금치가 여럿 나와 꽃까지 피우고 있다. 단호박은 꽃을 피웠고, 호박 같은 아이들이 여럿 나와 자라고 있다. 물기가 하나 없이 풀풀 흙먼지만 이는 밭에서. 고추가 제법 커서 하나 따 먹었다. 상추류도 따 먹기가 바쁘게 크니 고맙다. 먹거리가 넘치게 내게 주어지니 "고맙습니다."라는 말이 절로 나온다. 이렇게 나의 꽃밭과 작은 텃밭에 수많은 생명이 숨어 있다가 때가 되면 나온다. 그러하듯이 내가 필요로 하는 것들이 때에 맞게 내게로 오는 것이다. 이것이 자연의 섭리이다. 이러한 것이 소통이라는 것을 통해 원활해지면 인류의 많은 문제가 해결되리라 믿어 본다.

세상에 고맙고, 나의 어리석음에서 비롯된 많은 잘못에 세상에 미안하고, 용서를 구한다. 그럴 수 있는 나 자신을 사랑하고, 세상을 사랑한다.

2015년 7월 7일 화요일

조금 전 비가 후드득 거리더니 다시 멈췄다. 오늘부터 장마로 비가 온다고 했다. 내 마당의 여주가 앙증맞은 열매를 맺으며 꽃도 피고 넝쿨을 뻗어 올라간다. 호박도 수박도 오이도 모두 자신들의 영역을 확장하며 표현하기 어려울 정도의 앙증맞은 열매들을 맺고 있다. 요즈음 이렇게 '앙증맞음'이란 의미를 알아간다.

채송화가 만발한 나의 꽃밭에서 지난 금요일부터 이변이 일어났다. 오전 10시40분 정도 집을 나서기까지는 화려했던 꽃밭이 읍내에 다녀와 오후 2시에 집에 들어서니 감쪽같이 꽃들이 사라졌다. 지난 금요일 아침은 마당에 난 작은 아이들도 꽃을 피웠다. 작은 몸에 제법 큰 꽃을 예쁘게 이고 있으면서 사랑과 기쁨을 주었었다. 그런데 그날이 특이한 점은 유난히 벌들이 많이 날아와 윙윙거리는 소리가 자못 컸다는 것이다.

그 다음 날인 토요일에도 똑같은 상황이 벌어졌다. 오전 11시 정도가 되니 꽃들이 지기 시작했다. 일요일엔 작심을 하고 꽃밭을 관찰했다. 벌들은 채송화 꽃 안에 들어가 남김없이 꽃가루를 채집하고 있었다. 그들은 꽃 안에 고개를 박고, 사정없이 물고 훑고 빨아들이는 것 같다. 그런 후 그들의 다리에는 제법 큰 꽃가루 덩어리가 양쪽에 한 개씩 달려 있었다. 처음 보는 광경, 신기하기 짝이 없었다.

벌떼들이 휩쓸고 간 꽃들은 지기 시작해 꽃밭 전체의 꽃들이 오므라들면서 꽃의 흔적을 지웠다. 월요일인 어제는 벌떼의 수가 조금 적었다. 오후까지 소수의 꽃이 핀 상태를 유지했다. 이것은 꽃은 종족보존을 위해 피는 것이고, 꽃가루와 꿀을 잃는 과정에 교배가 되어 자신의 일을 마친 꽃은 지나보다 라는 생각을 하게 했다. 나의 생각이다. 맞는 것인 줄은 모른다.

그리고 벌의 다리에 달린 꽃가루 덩어리가 참으로 신기하다. 어떻게 뭉쳤고, 또 어떻게 다리에 부칠까. 이 세상엔 내가 모르는 일이 너무 많다. 신기한 일도 경이로운 일도 너무나 많다. 참으로 넓은 세상의 작고 작은 하나의 점일 뿐인 나를 생각한다. 작은 벌도 자신의 생존을 위한 능력을 타고 났듯이, 아니 그렇게 진화 발전되었 듯이, 우리 인간도 그러함을 또한 생각한다.

오늘은 잔뜩 흐려서 9 시가 되어가는 지금도 꽃은 활짝 벌어지지 않았지만 채송화들은 꽃봉오리의 색만으로도 화려하고 예쁘다. 이제 비가 떨어지는 소리가 다시 들리기 시작했다. 일기예보에서 알려준 대로 비가 온다. 잠시였다. 다시 비 소리가 그쳤다.

일기예보가 예전 보다 더욱 정확해진 것은 날씨를 결정하는 많은 요소를 더욱 우리 인류가 알게 되었고, 또 미세한 변화도 알아차리게 되었기 때문일 것이다. 우리네 삶도 그러할 것이다. 미세한 감각으로 정확하게 알아차리고, 삶을 결정하는 상관관계에 대한 이해를 하고, 허상을 넘어 진짜를 알아보고,

확실한 이해를 하면 삶은 보다 뚜렷해 질 것이다.

인간이 흔히 느끼는 무서움과 공포, 이것은 우리의 감각기관이 받아들인 위기정보에 따른 하나의 반응일 뿐이다. 무서움과 공포는 실재하는 것이 아니다. 무서움과 공포라는 허상을 지우면 위기를 더욱 쉽게 해결할 수 있다. 자신이 여전히 안전함을 느낄 수 있다. 자신의 삶을 즐길 수 있다. 주변에 평화가 흐르는 것을 느낄 수 있다. 행복함에 젖어 자신의 삶을 만족스럽게 바라볼 수 있다. 점점 자신이 커지는 것을, 자신의 존재감을 느낄 수 있다. 나는 그렇게 확신한다.

그래도 순간 나는 섬뜩함도 느끼고 무서움도 느낀다. 느닷없이 나타난 뱀에. 며칠 전에는 밭에서 풀을 뽑아주는데 나타난 이상한 동물에. 사람들은 내게 "무섭지 않냐"고 수시로 묻는다. 산촌에서 혼자 사니 그렇게 묻는다. 혼자 산에 가니 그렇게 묻는다. 물론 순간 무서울 때도 있다. 하지만 순간일 뿐이다. 무서울 이유를 생각해 보면 없기 때문이다. 갑자기 뜻하지 않은 상황에서 그런 느낌이 순간 솟구칠 뿐이다. 하지만 심호흡을 하면서 마음을 가라앉힌다. 그렇게 또 빠르게 나는 무서움과 공포를 버린다.

불안함도 마찬가지이다. 불안의 원인을 생각해 보고 위기의 예고임을 알아차리면 마음을 가라앉히고 대비를 한다. 막연한 불안감, 그것은 마음의 부정적인 장난임을 알아차리면 사라진다. 그리고 아직 오지 않은 미래를 나는 모른다. 그저 지금 내게 주어진 삶과 내게 베풀어지는 기적을 즐긴다. 그리고 이제 기적과 같은 일이 어떻게 벌어지는지 점점 알아간다. 그러면서 내가 해야 하는 일은 마음의 중심을 잘 잡고, 나를 편안하게 그리고 고요하고 행복하게 하는 것임을 알고 그렇게 산다. 그런 내 주위를 평화가 감돌고, 만족스러움이 나를 가득 채운다. 내가 든든하게 느껴진다. 즐거운 삶이다.

2015년 7월 11일 토요일

오늘 아침에는 파란 하늘에 맑은 흰 구름이 두둥실 떠 있었다. 꽃밭의 채송화가 만발해 기쁨을 주었다. 무궁화 꽃도 여러 개 피었고, 봉선화도 옅은 보라색이 피었다. 이름을 모르는 노란 색 꽃 두 종류가 새로 피었다.

꽃 밭에 몰려든 벌떼들의 소리를 들으며, 매미와 쓰르라미의 소리를 들으며, 한들거리는 바람을 맞으며, 마당에서 간단하게 아침을 먹었다. 토스트 한 조각에 버터를 잔뜩 바르고, 우유를 데워 커피를 탔다. 그리고 첫 오이를 하나 따서 먹었다. 이러한 것이 인간이 원하는 행복이 아닐까 한다.

산촌에 앉아 버터를 먹을 수 있으니 좋다. 우유 배달이 안 되는 곳에 앉아 우유를 먹을 수 있으니 좋다. 일체의 가게가 없는 곳에 앉아 식빵을 구워 먹으니 좋다. 앙증맞게 큰 오이를 하나 즉석에서 따 먹으니 좋다. 살랑거리는 바람을 느낄 수 있는 곳에 앉아 살랑거림에 몸을 맡길 수 있으니 좋다.

이렇게 행복감에 푹 잠겨 기쁨을 누리는 사이 파란 하늘은 사라지고 회색 구름이 가득 찼다. 화려한 채송화 꽃들은 볕떼의 물러남과 동시에 꽃잎을 닫았다.

한동안 산딸기를 따 먹으며 저녁이 다가올 무렵이면 걸었다. 그러다 어제 복분자를 다섯 개 따 먹었다. 이제 산딸기는 가고 복분자가 내 먹거리로 익어간다. 그들이 어디에 있는지 그 동안 걸으면서 봐두었다. 운동을 하며 오디를 먹다가 산딸기를 먹다가 이제 복분자를 먹을 수 있다는 것, 또한 기쁨이다. 자연은 이렇게 내게 다양한 먹거리를 제공한다. 그저 고마울 뿐이다.

산촌의 바쁜 농군들은 나처럼 한가로이 그런 것을 따먹을 시간과 마음의 여유가 없다. 나같이 노는 사람이 아이들처럼 따먹고 다닐 뿐이다. 이렇게 나는 얻어 먹는 기쁨을 누린다. 그런 나는 꽃밭이 있어 벌과 나비에게 먹거리를 제공한다. 넘치는 채송화도 나눔의 대상이다. 채송화 꽃에 나의 기쁨도 행복도 같이 전파되리라 여긴다.

우리네들은 살면서 수많은 걱정을 한다. 하지만 걱정이 문제를 해결해 주는 것도 아니다. 마음만 긴장시키고 부담을 줄 뿐이다. 모든 것을 맡기고 사는 삶, 이것이 진정한 삶이라 본다. 내가 그러한 삶을 살면서 나 자신에게 지극히 만족한다는 사실이 늘 놀랍다. 늘 이렇게 기쁘고 고마움이 넘칠 수 있다는 것도 놀랍다. 누구와도 비교하고 경쟁을 하지 않으니 편안하다. 오지 않은 미래에 대한 불안도 없으니 평화롭다.

많은 사람들이 스스로 행복하고 만족스러운 삶을 살았으면 좋겠다. 그러면 세상이 더욱 환해지니 말이다. 내가 환한 세상에서 살고 싶다는 이기적인 생각을 한다. 괴롭다면서 같은 존재양식을 고집스레 움켜잡고 있는 사람들을 보면 나도 괴롭기 때문이다. 고집스러운 태도는 자신이 최고이고 옳다는 생각에 잠겨있기 때문이다. 이 꼴은 캄캄한 시골 밤 거리를 짙은 검정 선글래스를 끼고 걷는 것과 같다고 본다. 이것이 바로 어리석음이다. 무명無明에 잠긴 삶이다.

뭘 그리 힘든 생각, 불편한 생각을 하고 사나. 그저 행복하다고 여기고 주어진 것들을 누리며 만족하며 살면 될 것을 말이다. 그래서 오늘도 전한다 나의 행복한 삶과 나의 존재양식을.

• • •

시골에 산다는 것은 열심히
돈을 벌어야 하는 삶을 벗어나 눈을 들어
하늘과 주변을 둘러보는 것을 뜻한다.

은퇴하고 사는 법

04 시골에 산다는 것은

시골에 산다는 것은 도시에서 살던 사람이 도시를 떠나 자연에 다가가는 것을 뜻한다. 또한 열심히 돈을 벌어야 하는 삶을 벗어나 눈을 들어 하늘과 주변을 둘러보는 것을 뜻한다.

시골에
산다는 것은

우화 '개미와 베짱이' 이야기 속 개미의 삶을 벗어나 베짱이의 삶을 사는 것을 뜻한다. 그래서 삶의 리모델링이 된다. 다시, 아니 새롭게 다른 삶, 인생의 새 막을 펼치면서 지금과는 다른 세상이 있음을 알게 되는 것 만으로 우리는 경이를 경험하게 된다.

리모델링

우리 나라의 오늘, 그것은 사람들이 빨리 달리고 열심히 일한 결과라 하겠다. 하지만 그러느라 우리는 생활에서 균형을 잡아야 한다는 사실을 오랜 기간 잊고 살았다. 잘 살겠다는 일념으로 돈을 쫓았고, 다른 가치관을 많이 잃었다.

도시의 우리에게는 해야 할 일이 너무나 많았다. 멈추지 않고 '열심히' 살아도 원하는 목표치에 제대로 다가가지 않는다고 느끼는 사람도 있을 것이다. 혹자는 목표를 이루었지만 자신의 삶을 돌아보며 허망함에 잠기기도 할 것이다. 쉬어보지를 않아서, 놀아보지를 않아서, 놀 친구가 없어서, 찾아 뵐 어른들도 안 계셔서, 등등의 이유로 시간이 많이 생겨도 자신이 무엇을 해야 할지 모른 채 허허롭기도 할 것이다. 그런 삶을 바꾸어 보는 것이다. 삶의 배경이었던 도시를 떠나 자연과 가까이 다가감으로써 다른 세상을 맛보는 것이다.

....

우리는 많은 일을 빨리 해내는 데에 급급해서, 돈을 더욱 많이 자신의 것으로 가지기 위하여, 가족이나 친구들과 보내야 할 소중하고 행복한 시간들을 희생시킨다. 사람들은 휴식다운 휴식을 충분히 취하지 못하고 있다.

오랜 시간 고개를 숙이고 일하느라 자신의 주변에서 어떤 일이 벌어지는지도 모르고 살았다. 주위를 둘러볼 여유조차 없었다. 그러다 변화를 놓치고, 기회를 놓치고, 또 주위 사람들을 도와줄 수많은 기회를 놓치게 되었다.

그런 현대인들에게는 생각할 시간이 필요하다. 그 생각할 시간을 가지기 위하여 삶의 리모델링이 요구된다고 하겠다. 그런 공간으로 시골을 추천한다. 자연과 가깝기 때문이다. 자연이 주는 치유의 기운을 통해 자연의 힘을 느낄 기회를 만날 수 있기 때문이다.

생각만 할뿐 실천을 못하는 사람들에게 세상은 어렵고 힘든 곳이 된다. 그들에게 자신 있게 알린다. 우리가 알면 무엇을 얼마나 알겠냐고. 직접 살면서 또 겪으면서 하나하나 알아나가는 것이라는 것을 짚어준다. 여행을 하며 주마간산 격으로 보는 세상과 그 속에서 사는 것은 다른 것임을 알린다. 시골에서의 삶은 라이프 스타일 자체가 도시와 다른 것임을 알린다. 인간의 존재양식도 달라지게 한다는 것을 알린다. 경험하지 못하면 알 수 없는 것들이 존재함을 알린다. 그리고 배운 지식으로 자신을 합리화하는 말을 만들어내어 자신을 기만하는 행위는 점점 사람을 그림자 세상으로 들어가게 한다는 것을 알린다.

• • • • • • • • • •

일단 일을 멈추고 둘러보면 자신의 주위에서 얼마나 많은 일들이 일어나고 있는지 알 수 있게 된다. '멈춤'은 자신의 상황을 차분히 바라보게 한다. 포괄적으로 볼 수 있는 능력도 생기게 한다. 멈추고 살피고 이해하는 일을 반복하면 직관력이 생기기 때문이다. 그것을 거듭할수록 주위 상황을 이해하는 데 요구되는 시간은 점점 짧아진다.

사실 우리의 삶을 힘들게 하는 것, 자신을 무기력하게 느끼게 하는 것, 초라한 존재로 느끼게 하는 것, 그것은 거대한 하나의 문제가 아니다. 사소하지만 수많은 문제들의 쌓임이다. 살면서 자신의 생각을 고집스레 움켜잡고는 존재감을 잃으며 일상에서 만나는 극히 미세한 사소함들 말이다. 남들을 쫓기만 하는 생각, 비교하려는 생각들의 사소한 결과물 말이다.

사람이 늘 자신의 일에만 파묻혀 지내면 전체를 바라보는 통찰력을 잃게 된다. 그런 채로 사람들은 더 많은 일을 처리하려면 오래 또 열심히 일해야 한다는 생각마저도 흔히 한다. 그래서 경쟁적으로 일하는 시간을 자꾸 늘린다. 그리고 제대로 파악하기 위해서는 많은 자료와 정보가 있어야 된다고 생각한다. 그래서 그것을 찾기 위하여 많은 시간을 보낸다. 하지만 대부분의 사람들은 자료와 정보를 소유하는 단계에 머무르고 만다. 더 이상 다음 단계로 넘어가지 못한다. 사실 다음 단계가 있다는 것을 알아차리지 못한 사람들이 대부분이다.

지식이란 경험을 통해 알게 되는 그 무엇, '알게 된 상태'를 뜻한다. 자신이 사용할 수 있게 된 '앎'을 말한다. 그래서 소유에 급급한 오늘날 막대한 자료와 정보를 가지고 있으면서도 상황을 제대로 파악하지 못하는 사람들이 많게 된 것이다.

....

요즈음 많은 사람들이 전원생활을 원한다고 말한다. 하지만 막상 행동으로 옮길 용기는 내지 못하면서, 도시에 없는 요건들을 들먹이며 시골생활이 힘들 것이라 말한다. 도시에도 마찬가지로 시골이 갖추고 있는 훌륭한 요건들이 없다. 그러니 다른 삶인 것이다. 선택의 문제인 것이다.

아직도 도시를 떠난 나를 불쌍히 여기는 불쌍하고 어처구니 없는 도시인들이 있다. 나는 그들의 '모름'과 편향적인 사고를 안타깝게 여긴다. 나는 자연에서 매일 배우며 나날이 지혜롭고, 나를 채우는 자신감과 자긍심을 느끼고, 여유롭고 만족한 삶을 살기 때문이다. 사람이 여유로우면 두뇌도 명료해지며 사물을 있는 그대로 제대로 보이게 하기 때문이다.

내가 이사를 해서 빈 집, 전에 살던 집에 남성적인 외모를 과시하며 한 중년의 남자가 집을 보러 왔다. 집이 대전이고 산골에서 혼자 살 수 있는지를 테스트 하기 위해 집을 찾는다고 했다.

그런 그가 집을 보더니 무서워서 어떻게 사냐고 그런다. 그리고 앞집에 소가 한 마리 있는데 여름이면 냄새가 심해서 안 된다고 한다. 거리도 어느 정도 집과 떨어졌고, 뒤돌아 앉았다는 것이 그런 것에서의 자유로움인데 그는 실제 살았던 나의 말을 믿지 않는다. 아궁이에서 장작을 때야 하는 것에도 기겁을 한다.

그는 처음에 산골에서 살고 싶다는 말을 했다. 그의 말과 언행은 상반된다. 그는 물에 대해서 묻고 지하수임을 알고 이에 또한 놀란다. 이곳이 옛날부터 물이 좋기로 유명한 곳이고, 그 집의 샘물이 특히 마을에서 좋다는 평가를 받아 전에는 마을 사람들이 그 물을 길어다 먹었다는 얘기도 그에게는 의미가 없었다. 건강이 좋지 않아 집을 찾는다는 아저씨의 언행. 이렇게 많은 사람들이 하고 싶다고 하는 말, 그것은 대체로 말 뿐이기가 쉽다. 집을 보러 왔던 아저씨는 도시의 삶을 유지하고픈 마음으로 산골을 찾았다. 그러니 진짜 산골의 모습이 그를 당황하게 했을 것이다.

이런 모습을 보면서 나는 내가 얼마나 대견한지 모르겠다. 그런 대견함을 느낄 수 있게 삶을 인도한 나의 실천력과 수용력, 그리고 세상에 고마움이 넘친다. 시골을 모르고 시골을 찾은 나, 주어진 시골집에 감사하며 머물렀고 내가 원하는 시골 삶을 모색하고 탐색했다. 그러면서 내가 진정 원하는 삶을 구체화 했고, 그 생각에 나를 맡겼다. 그 맡김이 단계적으로 나를 안내해 내 삶의 리모델링에 성공했다. 나는 지금의 삶에서 내면의 평화를 느낀다. 그리고 나는 리모델링된 지금의 삶에 지극히 만족한다.

....

우리 인간은 직접 살면서 또 겪으면서 하나하나 알아나가는 존재이다. 그것을 모르고 여행지가 많았음을 자랑하는 것,

자신이 가본 곳을 자랑하기 위해 소유한 자일 뿐이다. 모든 것이 소유의 대상일 뿐, 진정한 '앎'을 모르는 자이고 누리는 것을 모르는 자이다.

자신의 삶에 지극히 만족하여 리모델링이 필요 없는 사람도 있을 것이다. 하지만 은퇴하고도 긴 삶이 남았다면 지금까지와는 다른 삶을 사는 것으로 삶을 다채롭게 할 수 있다. 새로운 것을 익힌다는 것, 지루할 틈이 없는 재미를 준다. 그러기 위해 열심히 일하며 살던 공간이 도시라면 우선 그 공간을 바꾸어 보기를 권한다.

시골에서의 삶은 라이프 스타일 자체가 다르다. 문화와 먹거리 조차도 다르다. 그것을 무시한 채 공간만을 시골로 선택하는 것. 무모함이다. 거기에다 보기에 좋은 곳을 찾아 보암직한 집을 덮어놓고 짓는 행위. 지극히 무모한 행위임을 알린다. 이것은 삶의 리모델링이 아니라 전에 살았던 도시 삶의 양식을 그대로 유지한 채 공간만 옮기는 행위이기 때문이다.

학력이 높은 혹자는 시골 사람들과 말이 안 통해서 못산다고도 한다. 그런 사람들에게 사람들과 어떤 대화를 하는 지 묻고 싶다. 교만을 버리고 겸손해 질 때 우리는 리모델링도 진행할 수 있고 좋은 결과를 만들어낼 수 있다.

경험하지 못하면 알 수 없는 것들이 존재함을 알린다. 그리고 배운 지식으로 자신을 합리화하는 말을 만들어내어 자신을 기만하는 행위는 점점 사람을 그림자 세상으로 들어가게 한다는 것을 알린다.

시골 생활

푸르름이 가득 찬 시골이 나를 불렀듯이 사람들을 부른다. "수고하고 짐 진 자들아 다 내게로 오라"고. 그리고 주어진 삶을 즐기라고 한다. 지나치게 열심히 살았던 삶을 위로하며 편안함과 여유로움, 그리고 넉넉함을 준다고.

그런 시골의 인구밀도는 지극히 적고 온갖 생명체의 밀도는 지극히 높다. 오지로 갈수록 이것은 더욱 심해 진다.

• • • • • • • • • •

내가 사는 산촌은 청정지역이다. 집 앞까지 2차선 도로가 놓여져 있다. 그래서 이 마을이 오지가 아닌 줄 알았다. 전에 살던 전주 옆의 마을도 1차선이었기 때문이다. 하지만 이 마을 도로가 2차선인 것은 도로가 놓여진 지 그리 오래되지 않았기 때문이다.

깻잎이 많이 재배되어 가을과 겨울의 비닐하우스들은 등이 켜져 아름답기까지 하다. 유통채널도 안정적으로 마련되어 있다. 매일 아침 정해진 시각에 차가 와서 깻잎을 수거해 간다.

그래서인지 마을에는 출퇴근 농사를 짓는 40대도 있고, 104세 어른도 계시다. 전체 가구 수가 30 호가 채 안 되는 것 같다. 나처럼 노인 혼자만 사는 가구까지 포함해서.

이 마을에서 아무 일도 하지 않고 노는 사람은 나 뿐이다. 바쁜 농사일에 90이 넘은 노인도 무엇인가 농사 일을 돕는다.

산에서는 장뇌삼 등 약초가 재배된다. 자신들의 먹거리는 자급자족인지 각종 농작물을 밭에서 키운다. 그런데 자신과 자식들에게 나누어줄 양을 딱 맞추기가 쉽겠는가. 그러니 늘 넉넉하게 농사를 지어서 먹거리가 풍부하다.

산촌의 노인들은 현금은 잘 쓰지 않지만 자신의 농작물로는 인심이 넉넉하다. 산책을 하다 호박 따는 모습을 보며 인사를 하면 호박 먹을 게 있냐며 하나 따준다. 그러니 내가 얻어먹는 삶을 살아도 넉넉한 것이다.

....

버스는 하루에 5 번 다닌다. 시간 구성도 잘 되어 있다. 먹거리 사러 읍내에 가려면 오전 11시 버스를 타고 나가 오후 1시 버스를 타고 돌아오면 된다. 장을 보고 모처럼의 외식을 하면 시간이 딱 맞는다.

버스가 읍내에 가기 까지는 30분 정도가 걸린다. 집으로 돌아오는 1시의 버스는 다른 마을로 좀 돌아서 온다. 하지만 시골의 한가로운 버스를 타고 드라이브 하는 재미도 좋다.

버스를 타는 사람들은 거의가 다 서로 안다. 버스 요금도 채 내지 않고는 인사하느라 바쁘기도 하다. 운전기사는 노인들이 자리에 제대로 앉을 때까지 기다려준다. 서울 같은 곳에서 꿈도 못 꿀 천천히 사는 삶이다.

노인들은 몸을 제대로 가누고 걷지도 잘 못하는 상태에서 짐을 잔뜩 들고 타기가 일쑤다. 도시의 자식들에게 먹거리를 하나라도 더 보내려는 손길이 대부분이다. 자식들에 대한 관심을 좀 끄고 살았으면 좋을 것 같다는 생각을 버스를 탈 때마다 만난다.

이 마을에도 혼자 사시는 노인을 빼고는 집집마다 대체로 자동차가 있다. 하지만 나는 자동차가 없다. 대중교통을 이용한다. 그리 나다닐 일도 거의 없다. 간혹 마을 사람의 차에 동승을 하기도 한다.

자동차가 없이 산다는 것, 내 발로 마을 길을 꾹꾹 밟고 다닌다는 것. 천천히 사는 삶이다. 주변을 세밀히 보고 즐길 수 있는 많은 기회를 가진 삶이다. 나는 걸어서 이 마을의 요기조기를 걸었다. 그 덕에 사람들과 쉽게 친해졌고, 마을을 이해하는 것이 쉬웠다. 거기에다 산의 여기저기 먹거리가 있는 곳에 대한 지식도 계속 확장을 할 수 있었다.

길섶에 수없이 피고 지는 작은 꽃들을 즐기며 사색의 기쁨을 누릴 수 있다. 한편 그들은 배움의 즐거움을 누리게 한다. 아름다움을 느낄 수 있는 것, 아름다움에 대한 감각을 키워야 함도 알게 됐다. 그리고 늘 산책 길 옆 산에서 나는 향기의 다양함, 새들의 다채로운 소리를 듣는 기쁨을 누린다. 걷는 길바닥에서 만나는 수많은 곤충과 벌레들, 다람쥐에서 심지어 뱀에 이르기까지. 자동차로 달려서는 누릴 수 없는 행복이다. 차를 소유한 사람들은 좀처럼 걷지를 않아 누리기가 힘든 행복이다.

• • • • • • • • • •

나의 집을 방문했던 어린 친구 하나가 "여기 TV는 나오느냐"고 한다. 대한민국의 통신시설이 얼마나 대단한지 모르고 하는 소리다. 나의 오지마을까지 광케이블이 깔려있다. 집에는 기가 인터넷 서비스까지 된다. 도시와 똑같이 온갖 케이블 TV를 볼 수 있다.

택시를 부르면 읍내에서 달려온다. 읍내의 택시는 항상 대기

중이다. 도시처럼 택시를 이용하는 사람이 많지 않기 때문이다. 그러니 자동차가 없더라도 그리 불편한 일이 없다. 급한 일이 있거나 버스의 시간과 맞지 않으면 택시를 활용하면 되니 말이다.

택배는 주문한 다음 날이면 들어온다. 이 부분에서 대한민국의 위대함을 큰 감동으로 느꼈다. 그러니 인터넷에서 필요한 물건을 도시에서와 똑같이 구입할 수 있다. 그리고 읍내 마트라는 곳에 가면 웬만한 것은 대체로 구입할 수 있다.

그리고 5일 장이 선다. 야채와 과일들이 엄청 싸다. 서울 강남 등지의 가격과 비교하면 감격스럽기까지 하다. 산촌의 작업복은 장에서 5천원에서 만원이면 산다. 내게 필요한 물품들의 가격에 항상 놀란다.

곡식이나 필요한 일부 먹거리는 마을에서도 구입할 수 있다. 갓 찐 곡식, 어떤 사람이 어떻게 어디에서 농사지은 것인지 아는 먹거리를 먹는다는 것도 신기하다 내게는.

• • • • • • • • • •

산골에서 살기로 결정하고, 산골에서 살아도 기존의 많은 규정들을 놓는 데에는 많은 시간이 걸렸다. 나를 얽매었던 많은 책임과 욕심을 내려놓기로 결정을 하고, 욕심쟁이인 내가 마음 속 심연에 가라앉기를 기다리는 시간 말이다. 그러면서 시간은 흘렀다. 그러면서 또한 잃었던 생각의 줄기도 다시 찾아 들었다.

그런 나는 심심할 때는 TV 드라마를 보면서 흐뭇한 미소를 짓는다. 그것은 삶의 책임도 욕심도 내려 놓아서 가능한 것이 아닐까 한다. 전에는 바보상자라며 TV 시청을 비판하는 사람들과 대화를 하면 괜히 맞서기도 했다. 나의 생각을 펼치면서 말이다. 하지만 이제는 그런 것도 내려 놓았다. 다 자신의 생각대로 선택하고 사는 것이니까 말이다.

시골에서 나는 드라마와 영화를 보면서 도시의 사람들과 세상을 읽는다. 그리고 마음도 편하게 가진다. 드라마를 보면 사람들은 이미 우리가 어떻게 살아야 하는지를 알고 있음을 알 수 있기 때문이다. 그것이 흐뭇하다. 그래서 인류의 삶에 대해 걱정도 없다. 우리는 누구나 삶이 무엇인지, 왜 사는지, 어떻게 살아야 하는지 마음 속에서 잘 알고 있다. 하지만 그 잘아는 '나', 자신을 자신이 거부하며 독자적으로 이상한 길을 잠시 갈 뿐이다. 그러다 대부분의 사람들이 제 자리로 돌아온다. 이렇게 드라마와 영화들이 있어 '나홀로'의 삶을 흐뭇하게 하니 고맙다.

욕심을 놓고 사는 삶, 욕심을 스스로 놓은 것이 아니라 놓아지게 한 나의 삶에 고맙다. 그렇게 세상을 더욱 알아가게 하니 고맙다. 그런 삶을 잘 쫓아가는 나에게도 고마움이 솟는다. 예상치 못했던 삶을 만나고, 그 삶을 즐기는 나, '어떻게 이런 일이...' 고마운 세상이다. 내가 무엇을 원하는지 조차 몰랐으나 세상이 나를 그런 삶으로 데려다 주었으니 말이다.

• • • • • • • • • •

나의 마당을 질러 빨랫줄이 있다. 그 중간에 바지랑대가 있어 빨랫줄의 높낮이를 조정한다. 빨래를 해서 널고 바지랑대로 빨랫줄을 높게 하며 마당에 앉아 바라본다. 높은 곳에서 춤추는 빨래들이 어찌 그리 정겨운지 모르겠다.

사람은 자신이 기억을 못해도 그 무엇인가 과거의 추억을, 아련해도 소중하게 간직하는 것 같다. 나는 정원과 마당이 있는 집에서 어린 시절 살았다. 그 뒷마당에 빨랫줄이 있었다. 어린 시절 마당에 빨래를 너는 누군가를 바라보며 느낀 편안함과 평화로움이 아련한 추억으로 남아있었던 것 같다. 그래서 고향을 만난 느낌으로 빨래를 널게 되고 상쾌한 기분을 느끼는 것 같다.

그리고 '바지랑대'라는 단어, 내 기억에 없는 모르던 단어, 하지만 이것도 내가 가져야 할 단어라고 느껴졌다. 또한 바지랑대란 빨랫줄이 쳐지는 것을 방지하기 위하여 중간에 고정시켜 놓는 것인 줄 알았다. 그러나 바지랑대는 고정된 것이 아니다. 높낮이를 조절할 수 있는 유연성을 가졌다.

바람에 너울대며 높은 곳에서 빛을 잔뜩 맞으며 마르는 빨래처럼 나는 자유로움에 바람에 너울대기도 하고, 바람이 잦아들면 고요하고자 한다. 유연한 마음 자세로, 환한 태양을 즐기면서, 자연 곁에서. 이것이 바로 시골생활이다.

자연과의 관계 회복

자연은 우리 인간이라는 생명체들에 맑은 공기, 치유의 기운, 사랑의 기운 등 유익한 에너지를 내보내고 있다. 거기에다 엄청나게 다양한 먹거리를 내어 준다. 이러한 기운을 받아들이기 위해서는, 우리의 마음을 활짝 열고 그 안에, 아니 곁으로라도 가야 한다. 자연의 품에서 살아 있는 생명체들을 느끼고 삶의 신비를 느끼면서 우리는 자연과 하나가 되어가야 한다. 자연이 바로 생명의 원천이기 때문이다.

막연하게 우리들은 모두 그러한 사실을 알고 있다. 그래서 휴일이면 삼림욕이 건강에 좋다고 깊은 산속을 찾는 사람이 많다. 식물이 내뿜는 유익한 에너지를 받아들여 건강하고자 하는 마음이다.

그러나 자연은 하나의 유기체이다. 겉으로 보기에는 지각이 없어 보이는 삼림에 인간이 상상할 수 없는 높은 경지의 감각이 있다는 연구결과도 있다. 아마도 물욕에 정신을 잃고 탐욕스러움으로 마음이 꼭 닫혀있는 사람에게는 이러한 소리가 헛소리로 들릴 수도 있다. 닫힌 마음으로는 자연 속에 들어가도 그들이 내어주는 유익한 에너지를 느낄 수가 없다. 그러니 자연도 또한 별 효과를 미칠 수가 없을 것이다. 자연의 맑은 정기와 에너지는 높은 정신세계를 추구하는 열린 마음의 소유자에게나 들어갈 수 있음을 알린다. 그리고 그 열림은 가까이 다가가 즐기면 점점 열린다는 사실도 알린다.

• • • • • • • • • •

우리가 창문을 꼭 닫고 실내에 있으면 바람을 느낄 수가 없다. 문을 열어야 밖의 바람과 바람이 가지고 있는 기운이 우리의 가슴에 다가온다. 자연에 들어간다는 것, 그것은 마음의 문을 열고 자연을 있는 그대로 받아들이는 것이다. 그와 하나가 되는 것이다. 자연이 우리 생명의 근원임을 깨닫는 일이다.

자연이라는 유기체의 한 부분이 되어가는 느낌이 든다. 수많은 생명체들의 존재양식을 보면서 삶과 세상을 더욱 이해하게 된다. 자연과 하나가 된 우리는 그 포근함에 자신이 안전한 상태에 놓여진 존재임을 느끼게 된다. 자연이 베푸는 사랑에 아픔과 균형을 잃은 몸과 마음이 제대로 자리를 잡아가게 된다.

혹자는 자연이 맑은 마음의 소유자에게만 그들의 정기를 베푼다고 한다. 그리고 신도 믿음이 있는 사람에게만 기적을 베푼다고 한다. 하지만 비가 우리 모두에게 내리듯이 자연과 신은 우리 모두를 축복한다. 단지 우리가 완벽하게 코팅된 우산과 비옷을 쓰고 입어 빗물을 막듯이 꼭꼭 닫은 마음으로 축복을 받아들이지 못할 뿐이다. 마음을 열자. 그것이 자연과의 관계회복이다. 자연이라는 유기체의 한 부분으로서 경외감을 가지고.

....

내가 의존해서 살고 있는 자연, 자연이 연출해 내는 아름다움을 과거에 제대로 느끼지 못하고 살았다. 하지만 일상적인 생활에서 방치된 자연의 아름다움은 때로 느닷없이 내게 다가와 깊은 감동을 주기도 했다. 그런 자연이 나를 자신의 곁으로 불러들였다. 딱히 갈 곳이 없었던 내게 자연은 아는 이 아무도 없는 금산의 한 산촌으로 들어와 살게 했다. 그리고 무겁기만 했던 나의 삶을 다채로운 경험과 재미로 가득 채워주었다. 그리고 그에 적합한 집도 마련해 주었다.

길에서 보이는 내가 사는 집의 모습은 낮고 슬레이트 지붕의 흐릿한 색이라 집이 눈에 선뜻 들어오지 않는다. 튀고 싶지 않은 나의 마음과 방어적이지 않은 나의 태도를 집이 그대로 담고 있다. 자연에 포근히 싸여 살고 싶다는 내 꿈대로 자연이 마련한 집답다. 그리고 다소곳한 자세로 나의 교만함을 경계하라는 배려이기도 하다. 하지만 그렇게 내가 만든 집이 아니다. 그런 집이 내게 온 것일 뿐이다.

자연은 내게 집이란 아름다움과 평화로움이 균형을 잡고 머무는 곳이어야 함을 알려주었다. 자유와 질서가 평온함을 만들어 내는 곳, 자연과 하나 됨으로써 갖춘 독특한 개성과 자연이 어울려 사랑스러운 면모를 나타내는 곳 말이다. 그러기 위해 내게 늘 질서와 균형을 생각나게 하는 집, 나를 고상함과 평화로움에 잠기게 하는 집, 고요함 속에서 차분하게 생각을 깊게 할 수 있는 집. 내 집은 나의 욕구처럼 단아한 모습으로 보여진다.

장식성이 배제된 농가, 단순하고 소박함을 넘어 초라하기까지 한 농가에서 현대인들이 상징적으로만 생각하는 가치와 꿈을 진지하게 생각하며 현실에 구현하려는 나. 깊게 깊게 나의 내면을 들여다 보면서 나의 모순된 생각들을 찾아내고 밖으로 끄집어 낸다. 그러면서 나 자신에 대한 이해를 더욱 깊게 해나가고, 나의 사고思考에도 질서를 잡아간다. 내가 가고 싶은 '앎'의 길로 점점 깊이 나아가고 있음을 느끼고, 내가 성장하고 있음에 깊은 감동 마저 느끼면서 지극한 충족감에 잠겨서 산다. 나의 집은 그러한 나를 포근하게 안고 있다. 그리고 자연은 그러한 나의 집을 따스함으로 감싸고 있다.

그리고 나는 늘 배움을 주는 자연에 경이로움을 느끼고 겸허를 배운다. 그러면서 학습을 찬양한다. 소유가 없음도 예찬한다. 삶을 즐겁게 누리는 존재로, 자유인으로 살고 있음에 자부심을 느낀다. 나는 또한 아름다움을 추구하고, 단순함과 소박함도 추구한다. 튀지 않는 나의 집은 솔직하고 검소하고 단아하다. 이것이 나의 자아상이며, 나의 집은 이런 나의 자아상을 나타내고 있다. 집이 가지고 있는 허술함과 초라함도 내 자아상의 한 면모이다. 자아상에 따른 생각과 생활을 이행하는 삶, 추구하는 가치와 의미를 현실에서 구현하는 삶. 그것이 제대로 사는 것, 생명의 원천과 흐름이 연결된 존재로서의 삶이라 여긴다.

나는 자연과의 관계회복을 증거하듯 자연적으로 내게 온 집에 대한 고마움이 넘쳐서 이렇게 지금 마음껏 자랑하고 있다. 은퇴를 하고 싶은 사람들에게 전한다. 수고하고 짐을 진 자로서의 수고로움을 그만 내려 놓고 생명의 원천인 자연과 하나가 되라고.

신나게 살아보자

삶이라는 긴 여정 속에서 우리들에게 주어진 삶, 막이 하나일 리는 없다. 막간의 어두움 속에서 무대가 바뀌듯이 우리도 삶의 무대를 바꾸고 더욱 즐거운 막을 열 수 있다.

예상 기대수명은 이제 100세를 바라본다. 길게 남은 시간, 무엇을 하며 지내야 좋을까? 어떻게 해야 지루하지 않고 만족한 삶을 살면서 행복을 누릴 수 있을까?

나는 오랜 대도시의 고단한 삶 속의 나 자신을 던져버리고 완전히 새로운 나로 거듭나는 꿈을 꾸었다. 그리고 나는 그 꿈을 이루었다. 도시에서 바라보던 시각을 거둬들이고, 자연을 바라보기 시작했다. 도시, 예를 들어 동쪽 만을 바라보던 삶이었던 것은 동쪽 만이 있다고 생각했기 때문이었다. 고개를 돌려 자연을 바라보면서 다른 쪽도 있음을 알게 되었다. 그래서 나는 점점 자연 곁으로, 자연 속으로 걸어가게 되었다. 그러다가 인생은 학습이며 리모델링하며 사는 것이라는 확신을 가지게 되었다.

대부분의 우리네들은 자신이 진짜로 원하는 소망과 꿈을

가슴속에 감춰두고 산다. 부모건 자식이건, 그 누군가를 위해서 살기도 한다. 또는 그저 삶을 살아내기 위해서 외적 조건이 자신에게 원한다고 여겨지는 틀 속에 자신을 억지로 꿰어 맞추며 고단하게 살기도 한다. 그러한 삶을 뒤로하고 새로운 삶을 선택하는 것. 그것이 바로 삶의 리모델링이다.

인생의 새로운 막, 우리가 늘 꿈꾸어 왔으나 어떤 이유로든 이루지 못했던 삶, 우리가 그것을 선택하는 결단을 함으로써 시작된다. 나의 산촌에서의 삶, 산촌으로 공간이동만 한 것이 아니다. 그곳의 생활양식을 배우고, 산촌의 사람으로 거듭나는 경험을 하기로 작정한 것이다.

하지만 내가 살기로 작정했다고 산촌이란 곳에서 낯선 나를 덥썩 환영해주는 것은 아니다. 그런 산촌, 내가 그들의 생활에 편입될 수 있는 곳을 찾아 3년간에 걸쳐 경기도 양평과 전북 완주 두 지역에서 사는 경험을 했다. 그러면서 조심스럽게 산촌의 생활이 어떤 것인지 탐색을 했다. 그런 나를 '만수당 설화'에서 만난 기적과 백남수가 응원을 해주었다. 그 덕에 돈을 벌어야 한다는 생각 마저 던져버렸다. 그러자 정말로 기적과 함께 하는 삶이 적극적으로 시작되었다.

내게 딱 맞는 작은 오두막을 찾아낸 것이다. 아궁이가 남아

있던 집은 집에 대한 개념도 알려주었다. 집이란 건축물, 집을 넘어 자연 자체가 건축임을 알아차린 것이다. 매 순간 변화하는 자연의 아름다움에 취해, 자연과 농사일을 배우는 기쁨. 산촌의 사람으로 그들과 같이 일도 하고, 내게 주어진 밭과 정원도 가꾸는 삶. 내 삶의 무대는 이제 산촌인 것이다. 그 무대에 지금 적응하고 있는 내게 모든 것이 늘 짜릿한 감동으로 다가온다. 리모델링이 성공했음이 분명하다. 늘 짜릿짜릿하니 말이다.

전혀 몰랐던 새로운 지식, 지적인 자극과 쾌감은 그 누구라도 신나게 한다. 학습의 기쁨과 새로운 지식을 삶에 적용시키는 기쁨. 젊음과 건강을 지키며 우리를 회춘시킨다. 내가 그 증거이다. 물리적으로도 나타난 회춘, 나의 흰 머리가 검은 머리로 바뀌고 있으니 말이다.

이렇게 신나는 삶이 우리 모두의 것이다.

각주

1 무수당 설화

2013년에 출간된 '당신을 닮은 사람들(민속원)'에서 소개한 이야기이다. 경기도 포천 지역에서 전해져 오는 이야기로 처음 www.ichpedia.org을 통해 만났다. 원출처는 다음과 같다. 정인섭, 『한국의설화』, 단국대학교출판부, 2007, 32~35쪽.

2 귀소

동물이 자신의 보금자리를 찾아가는 것을 말한다. 나에게는 늘 돌아갈 곳을 찾아야 한다는 의식, 귀소본능이 내재되어 있었다.

3 양자 아들의 효행

2013년에 출간된 '당신을 닮은 사람들(민속원)'에서 이미 소개한 이야기이다. 경기도 이천 지역에서 전해져 오는 이야기로 www.ichpedia.org을 통해 만났다.

4 미필적고의

未必的故意, 자신의 하는 행위로 나쁜 결과가 발생할 가능성이 있음을 알고도 그 행위를 하는 심리 상태를 말한다.

5 꽃다지

우리나라 어디든 도처에서 만날 수 있는 풀이다. 작은 크기로 노란 색의 꽃을 피운다. 보통은 4월 경에 꽃이 핀다고 하나 양지바른 곳에서는 1, 2월에도 돋아나 꽃을 피우기도 한다.

6 환골탈태

換骨奪胎, 뼈를 바꾸고, 태를 바꾸어 쓴다는 것. 즉 예전과는 완전히 다른 존재가 된다는 뜻이다.

7 시냅시스

하나의 신경 세포와 신경 섬유를 신경 단위로 하는데 이 신경 단위 상호의 접착부를 시냅시스라고 한다. 한 개의 신경 단위에 접착하는 시냅시스의 수는 몇 개에서 1800개에 이르는 것도 있다. 이상은 네이버 지식백과에서 발췌한 것이다. 본 서에서는 신경이 수없이 뻗듯이 뻗어나간 풀 뿌리를 의미한다.

8 **거시세계**

巨視로 세상을 바라본다. 세계를 커다란 틀로 이해하는 것을 의미한다

9 **미시세계**

微視로 세상을 본다. 우리를 둘러싼 세계의 극히 작은 부분들에서 일어나는 현상들에 대한 것을 의미한다. 우리네 삶은 아주 작은 차이로 커다란 결과의 차이를 빚어낸다. 따라서 세밀한 감각기관으로 세계를 살피고 이해해야 한다고 본다.

10 **불역낙호**

'不亦樂乎' 논어에 나온 말로 즐겁지 아니한가, 즐겁기 짝이 없다라는 의미이다.

11 **실패예찬**

2011년 이담북스에서 출간된 필자의 자전적인 책이다. 인간의 삶도 완전변태를 하는 나비처럼 다른 존재로 변화할 수 있다고 보고 그러한 삶을 사는 과정을 솔직하게 표현했다. 나비처럼 다른 존재가 된 필자는 지금 산촌에서 나비와 같은 삶을 즐기면서 이 번 책을 쓰게 되었다.

12 **까마중**

우리나라 도처에서 자라는 한해살이 풀이다. 옆으로 사정없이 퍼지며 작고 흰 꽃을 피우고 초록색의 열매를 맺는다. 익으면 까만 색에 가까운 색으로 변한다. 열매는 먹을 수 있는 것으로 피로회복에 좋다고 한다.

작가노트

봄에 땅에 딱 붙어서 정열적으로 보이는 노란 색의 꽃을 피우는 민들레, 활짝 핀 꽃을 머리에 인 채 꽃대의 키를 키운다. 꽃이 진 상태에서 보면 이미 키가 훌쩍 커있다. 그렇게 민들레는 자신의 씨앗을 세상에 널리 퍼져 나가게 한다. 우리네 삶도 그러하리라.

꽃을 피우는 달래의 꽃대, 상상을 불허하는 크기로 자란다. 작은 달래가 한 30~80 cm 정도로도 꽃대를 키우고, 바람에 낭창대며 옅은 분홍이라 할 수 있는 보라 색의 꽃을 피운다. 주변의 다른 식물을 넘고 넘어, 자신을 피워내고 자신을 널리 퍼뜨린다. 우리네 삶도 그러하리라.

봄과 가을 풀밭에 보면 뱀딸기가 빨갛고 요염한 모습으로 나의 눈을 잡는다. 매력적인 모습과는 달리 맛이 밍밍한 뱀딸기는 풀밭에 숨은 자신을 이렇게 매력적인 모습으로 알리는 것이다. 우리네 삶도 그러하리라.

그러나 자신의 삶을 알려서 무엇 하겠는가. 하지만 우리 인류가 아직 삶을 제대로 이해하지 못했기 때문에 삶을 통해 얻어진 '앎'은 알려야 할 필요가 있다. 답을 구하는 질문을 가진 존재들에게 힌트를 주기도 하고, 자극을 주기도 하고, 방안을 제시하기도 해야 하는 것이다. 위안을 주기도 하고, 격려를 하기도 하고, '부족함'이 자신만의 문제가 아니라 인류 모두의 문제임을 알려야 하는 것이다. 그래서 우리에게는 '호기심'이라는 것이 내재 되어 있음을 이해하게 하는 것이다. 탐구와 탐색 작업을 통해 '앎'을 획득하고, 알게 된 것은 연마를 통하여 자신과 하나가 되는 체화의 과정을 밟아 가는 것, 그것이 바로 삶인 것을 이해해야 한다. 그렇게 우리 인류는 온전한 존재로 조금씩 진행되어 갈 것이다. 그러면 나의 씨앗, 널리 퍼뜨려야 할 씨앗은 무엇인가? 내가 인위적인 도시의 삶을 떠나 자연에서 배우는 순리順理의 삶이다. 살면서 얻어진 '앎'을 글을 통해 퍼뜨리는 것, 이것이 나의 소명이라 여겨진다. 세간을 떠났어도, 나는 산촌에서 홀로 피어 세상을 이해하고, 삶을 이해하고, 나를 지키고 만들어 간다. 그리고 내가 맺은 씨앗은 글을 통해 퍼뜨리고자 한다. 이런 생각을 하는 나는 여전히 청춘이다.

민들레처럼 땅 바닥에 붙어서 꽃을 피운 '나'를 인정하고 출판을 결정해 준 민속원의 홍종화 사장과 임직원 모두에게 고마움을 전한다. 이제 민들레 씨앗처럼 바람에 날려 여기저기에, 사람들의 마음에 씨앗으로 내려앉아 싹을 내리라.

은퇴하고 사는 법

초판 1쇄 발행 2015년 12월 30일

지은이·그림 이화순　　**펴낸이** 홍기원

총괄 홍종화
편집주간 박호원
편집 · 디자인 오경희 · 조정화 · 오성현 · 신나래 · 김선아
이효진 · 남도영 · 이상재 · 남지원
관리 박정대 · 최기엽

펴낸곳 민속원
출판등록 제18-1호
주소 서울시 마포구 대흥동 337-25(토정로 25길 41)
전화 02) 804-3320, 805-3320, 806-3320(代)
팩스 02) 802-3346
이메일 minsok1@chollian.net, minsokwon@naver.com
홈페이지 www.minsokwon.com

ISBN 978-89-285-0845-7 03810

이 도서의 국립중앙도서관 출판시도서목록(CIP)은 서지정보유통지원시스템
홈페이지(http://seoji.nl.go.kr)와 국가자료공동목록시스템(http://www.nl.go.kr/kolisnet)에서 이용하실 수
있습니다.(CIP제어번호: 2015035232)

※ 책 값은 뒤표지에 있습니다.
※ 잘못된 책은 바꾸어 드립니다.